Logisch!

Deutsch für Jugendliche

Arbeitsbuch A2

von
Stefanie Dengler
Sarah Fleer
Paul Rusch
Cordula Schurig

Klett-Langenscheidt

München

Von
Stefanie Dengler, Sarah Fleer, Paul Rusch und Cordula Schurig
Trainingskapitel von Katja Behrens und Stefanie Dengler

Redaktion: Sabine Franke in Zusammenarbeit mit Angela Kilimann
Gestaltungskonzept und Layout: Andrea Pfeifer
Umschlaggestaltung: Andrea Pfeifer
Zeichnungen: Anette Kannenberg und Daniela Kohl (S. 106/7 u. 116)
Satz und Litho: kaltnermedia GmbH, Bobingen

Verlag und Autoren danken Birgitta Fröhlich (Goethe-Institut Madrid), Dr. Ferrel Rose (Bowling Green High School, Kentucky) und allen Kolleginnen und Kollegen, die *Logisch*! erprobt und begutachtet sowie mit Kritik und wertvollen Anregungen zur Entwicklung des Lehrwerks beigetragen haben.

Logisch A2 – **Materialien**	
Kursbuch A2	606328
Arbeitsbuch A2 mit CD	606329
Arbeitsbuch A2 mit CD und Vokabeltrainer (CD-ROM)	606333
2 CDs zum Kursbuch	606331
Lehrerhandbuch A2	606330
Grammatiktrainer A2	606332
Vokabeltrainer A2 (CD-ROM)	606334
Interaktive Tafelbilder A2 (CD-ROM)	606984

Logisch A2 – **in Teilbänden**	
Kursbuch A2.1	605175
Arbeitsbuch A2.1	605176
Kursbuch A2.2	605177
Arbeitsbuch A2.2	605178

CD zum Arbeitsbuch:
Aufnahme und Schnitt: Heinz Graf
Regie: Heinz Graf und Angela Kilimann
Produktion: Tonstudio Graf, 82178 Puchheim
Redaktion: Angela Kilimann und Sabine Franke

Audio-Dateien zum Download unter
www.klett-langenscheidt.de/logisch/medienA2.1, Code: log2a@A5 und
www.klett-langenscheidt.de/logisch/medienA2.2, Code: log2b@X3

Besuchen Sie uns auch im Internet:
www.klett-langenscheidt.de/logisch

1. Auflage   1 ⁶ ⁵ ⁴ ³ | 2017 16 15 14

Gesamtherstellung: Print Consult GmbH, München

ISBN 978-3-12-606329-6

MIX
Papier aus verantwor-
tungsvollen Quellen
FSC® C084279

Logisch! A2
Inhalt

Kolja   Nadja   Jannik   Pia   Plato   Paul   Robbie   Anton

Nach den Ferien

1 Meine Ferien

a Was machen die Personen? Schreib das richtige Verb.

1. Robbie und Paul machen das auf dem Wasser oder im Internet :-). S U R F E N
2. Pia und Plato wohnen in den Ferien in einem Zelt. _ _ _ _ _ _
3. Kolja und Anton fahren in die Berge. Dann gehen sie lange zu Fuß. _ _ _ _ _ _ _
4. Kinder machen das oft mit einem Ball. Aber auch viele Männer! _ _ _ _ _ _
5. Nadja und Pia gehen in die Disco. Da hören sie Musik und … _ _ _ _ _ _
6. Kolja und Paul stehen an einem See. Sie möchten einen Fisch essen. _ _ _ _ _ _

Lösung: Sie machen _____.

b Was machen Mark, Carola und Diana gern? Und du? Schreib in dein Heft.

> Mark spielt gern Basketball und schwimmt gern. Noch lieber wandert er und am liebsten surft er.

	Basketball spielen	tanzen	surfen	schwimmen	wandern
Mark	☺		☺ ☺ ☺	☺	☺ ☺
Carola	☺	☺ ☺ ☺		☺ ☺	
Diana		☺	☺ ☺	☺ ☺ ☺	
Ich	…?…	…?…	…?…	…?…	…?…

2 Ist das wahr?

a Wirklich? Wie geht der Satz weiter? Ordne zu.

1. Das glaube …   A wahr.
2. Das kann …   B nicht sein.
3. Das stimmt …   C das wahr.
4. Das ist …   D ich nicht.
5. Vielleicht ist …   E vielleicht.

b Wie heißt das Partizip Perfekt? Sortiere.

{t}̶ {ge}̶ {surf} {spiel} {t} {ge} {mach} {ge} {tanz} {ge} {t} {ge} {ge} {t}
{wander}̶ {t} {t} {jogg}

1. wandern   *gewandert*   4. surfen   _____
2. spielen   _____   5. joggen   _____
3. machen   _____   6. tanzen   _____

3 Was habt ihr in den Ferien gemacht?

a Bring die Sätze in die richtige Reihenfolge.

1. gemacht / was / du / in den Ferien / hast / ?
   Was hast du in den Ferien gemacht?

2. gerettet / einen Wolf / habe / ich / .
   _____

3. gesegelt / allein / nach England / ich / bin / .
   _____

4. geangelt / ich / einen Fisch / habe / .
   _____

5. gerettet / du / wen / hast / ?
   _____

6. gecampt / ich / im Wald / habe / .
   _____

b Perfekt mit *haben* oder *sein*? Setz die richtige Form ein.

> ist • haben • bin • haben • ~~habe~~ • ist • habe • bin • haben

Mia erzählt: „In den Ferien __habe__ ich viel gemacht – es war toll! Ich war am Meer und _____ (1) jeden Vormittag gesegelt. Wir _____ (2) auf einem Campingplatz gecampt und am Abend _____ (3) wir oft gegrillt. Meine Freundin Mona war auch da – mit ihr _____ (4) ich nachmittags Tennis oder Volleyball gespielt und abends _____ (5) wir zusammen in der Disco getanzt. Mona _____ (6) am Vormittag meistens gesurft. Manchmal _____ (7) sie mit ihrer Familie gewandert, das macht sie sehr gern. Ich _____ (8) nicht gewandert, das finde ich langweilig."

c Wie war es? Sortiere und schreib die Dialoge richtig in dein Heft.

1

2

| [ ] Doch! Meine Oma hat einen großen Garten und wir grillen oft. |
| [ ] Echt? Bei meiner Oma ist es immer super. |
| [1] Hey Bea, was hast du am Sonntag gemacht? |
| [ ] Ach, das ist ja toll! |
| [2] Ich war bei meiner Oma. Das war total langweilig! |
| [ ] Wirklich? Das glaube ich nicht! |

| [ ] Das ist nicht wahr. „Nichts machen" kann man doch nicht! |
| [1] Gestern bin ich gewandert – fünf Stunden! |
| [ ] Nein, es hat Spaß gemacht. Und du, hast du auch Sport gemacht? |
| [ ] Oh, das ist ja blöd. |
| [ ] Nein, ich war zu Hause – und habe fünf Stunden nichts gemacht. |

Dialog 1
> Hey Bea, was hast du am Sonntag gemacht?
< Ich war bei meiner Oma. Das war total langweilig!
...

d Hör zur Kontrolle.

2

1

4 Gerettet!

a Was gehört zusammen? Ordne zu.

Hilfe — gemacht
ein Weinen — gesucht
im Wald — geholt
eine halbe Stunde — gewandert
Ferien — gehört

1. Ferien _gemacht_
2. im Wald _____
3. ein Weinen _____
4. eine halbe Stunde _____
5. Hilfe _____

b Was fehlt? Schreib in die Lücken.

Schüler • Abendessen • alt • gebraucht • gehört • gemacht • Stunde • Wald • war • Wolf

Der _Schüler_ Tom K., 14 Jahre _____, hat Ferien in
Mecklenburg _____. Am Samstag nach dem _____
ist Tom allein im _____ gewandert und hat ein Weinen
_____. Er hat eine halbe _____ gesucht. Und ... was
für ein Schreck: Ein junger _____ war schwer verletzt in
einer Falle. Der Wolf _____ schon schwach und hat Hilfe
_____. Tom hat mit seinem Handy Hilfe geholt.

Nordsee   Ostsee

Hamburg   Mecklenburg-Vorpommern

Berlin

DEUTSCHLAND

Köln

Dresden

c Alles falsch! Korrigiere die Sätze.

1. Tom hat ~~gemacht Ferien in Mecklenburg~~.
2. Er ~~gewandert im Wald ist~~.
3. Tom ~~ein Weinen hat gehört~~.
4. Er hat ~~gesucht eine halbe Stunde~~.
5. Der Wolf ~~Angst hatte~~.
6. Tom ~~mit seinem Handy geholt die Feuerwehr hat~~.

1. _Tom hat Ferien in Mecklenburg gemacht._
2. _____
3. _____
4. _____
5. _____
6. _____

d Wie heißen die Formen? Ergänze die Tabelle. Der Kasten rechts hilft dir.

	sein	haben
ich		
du		hattest
er/es/sie	war	
wir		
ihr		hattet
sie/Sie	waren	

hatte • hatte • hatten • hatten •
waren • warst • wart • war

6   sechs

5 Antons Ferien

Was haben Anna und Anton gestern gemacht? Schreib Sätze. Der Kasten hilft.

Anna	
9 Uhr	mit Marie lernen
13 Uhr	zu Hause sein
14–15 Uhr	putzen bei Oma
16–18 Uhr	Tennis spielen

Anton	
10–11 Uhr	mit Bällen üben
12–13 Uhr	in der Pizzeria sein!
14–16 Uhr	Akrobatik machen
17–18 Uhr	Ordnung machen

nach dem Frühstück • am Vormittag • am Mittag • am Nachmittag • vor dem Abendessen

1. Nach dem Frühstück hat Anna mit Marie gelernt.

6 Feriengrüße

a Was hat Anton in den Ferien gemacht? Richtig oder falsch? Kreuze an.
Antons Brief im Kursbuch hilft.

	richtig	falsch
1. Anton hat in den Ferien Fußball gespielt.	☐	☒
2. Anton hat für die Schule gelernt.	☐	☐
3. Er hatte viel Spaß.	☐	☐
4. Er hat mit der Gruppe eine Pyramide gebaut.	☐	☐
5. Er hat mit Oma Karneval gefeiert.	☐	☐

b Antons Oma schreibt Anton zurück. Ergänze die Lücken.

Lieber • findet • kannst • Kronenstr. 77 • hattest • Viele Grüße • den • vielen Dank • besuche

Köln, _____ 15.11.2010

_____ Anton,

_____ für dein Geschenk – das kann
ich im Karneval gut brauchen. Opa _____
es auch toll! Du _____ ja viel Spaß im
Zirkuscamp – deine Zaubertricks _____
du mir bald zeigen. Ich _____ euch wahrscheinlich Anfang Dezember.

_____

Deine Oma

Marie Funke
Jeckenstr. 11
40111 Köln

Anton Kern

_____

54321 Glücksdorf

1

7 Betonung im Satz

a Hör und sprich nach.

3

1. Anton war in einem **Zirkuscamp**.

2. Anton war **in den Ferien** in einem Zirkuscamp.

3. **Anton** war in einem Zirkuscamp.

b Hör zu und markiere: Wo ist der Satz betont?

4

1. Wer hat einen Wolf gerettet? Tom hat einen Wolf gerettet.

2. Wen hat Tom gerettet? Tom hat einen Wolf gerettet.

3. Wer hat Oma eine Karte geschickt? Anton hat Oma eine Karte geschickt.

4. Was hat Anton geschickt? Anton hat eine Karte geschickt.

5. Wem hat Anton eine Karte geschickt? Anton hat Oma eine Karte geschickt.

c Hör noch einmal und sprich nach.

8 Souvenirs, Souvenirs!

a Lies die Beschreibung. Welches Souvenir passt? Wähle aus.

die Schokolade

das Brandenburger Tor

die Puppen

die Muscheln

1
Petras Souvenirs sind aus Spanien. Ihre Oma war dort am Meer. Sie hat sie Petra geschenkt. Sie sind sehr schön.

2
Sabines Souvenir ist aus Österreich. Ihre Freundin hat es gekauft. Es schmeckt süß.

3
Carlas Souvenir ist aus Russland. Sie kann damit spielen. Ihre Schwester hat es gekauft.

4
Christians Souvenir ist aus Berlin. Eine Tante hat es geschickt.

_____ _____ _____ _____

b Welche Wörter findest du? Notiere sie im Singular und mit Artikel.

ABÄRIMUSCHELNLEBRANDENBURGERTORXGALPSNGRACLOWNSNASEÜFTYSPUPPENASUI

FLASCHEUGÄXVOGSTEINWOSCHOKOLADEQE

der Bär, _____

_____

Wörter – Wörter – Wörter

9 Freizeitaktivitäten

a Welches Wort passt nicht? Streich durch.

1. machen: Ferien, Hausaufgaben, ~~Hilfe~~, Essen, Ordnung
2. spielen: Gitarre, Sport, Tennis, Karten, Computerspiele
3. wandern: im Wald, am Strand, in den Bergen, im Wildpark, im See

b Was passt zusammen? Ordne zu.

1. Was machst du in den Ferien gern?
2. Spielst du gern Fußball?
3. Liest du gern?
4. Ich surfe gern. Du auch?
5. Was liest du am liebsten?

A Ja, ich auch. Surfen finde ich super!
B Ich schwimme gern im Meer.
C Am liebsten Comics!
D Nein, ich spiele lieber Volleyball.
E Ja, besonders abends im Bett.

10 Perfekt-Quiz
Findest du alle neun Perfektformen? Schreib je einen Satz.

G	E	S	E	G	E	L	T	R	A
A	B	E	G	E	T	A	N	Z	T
U	G	G	E	S	A	G	T	G	G
G	E	K	A	U	F	T	G	E	E
E	J	Z	Ü	R	G	E	S	T	C
H	O	L	T	F	Ö	G	E	R	A
O	G	E	S	T	E	R	N	Ä	M
L	G	E	M	A	C	H	T	N	P
T	T	G	E	S	U	N	D	K	T

1. _gesagt: Er hat nichts gesagt._
2. _____
3. _____
4. _____
5. _____
6. _____
7. _____
8. _____
9. _____

11 Mein Tagesablauf
Wann passiert das?

1. _am Nachmittag_   2. _____   3. _____   4. _____

nach dem Frühstück • am Vormittag • am Mittag • ~~am Nachmittag~~

12 Meine Wörter
Welche Wörter, Ausdrücke oder Sätze sind für dich wichtig? Schreib auf.

_____

In der Schule

1 Janniks erster Schultag

a Was gehört zusammen? Notiere die Wortpaare.

sehen	essen	gehen	machen	schenken	bringen

spielen	sprechen	treffen	gesehen	gegessen	gegangen

gebracht	gesprochen	gespielt	geschenkt	getroffen	gemacht

sehen – gesehen _____   _____   _____

_____   _____   _____

_____   _____   _____

b Was hat Nadja am ersten Schultag gemacht? Schreib Sätze.

1. zur Schule gehen

2. ihre Freundinnen sehen

3. mit Pia sprechen

4. Schulsachen kaufen

5. ein Eis essen

6. ein Buch suchen

1. _Nadja ist zur Schule gegangen._   4. _____

2. _Sie hat_ _____   5. _____

3. _____   6. _____

2 Wisst ihr das noch?
Aus dem Tagebuch von Natascha. Ergänze den Text.

Ferienende – es ge_ht_ wieder los. Heute ha___ ich Miki wieder getro_____. Und nach der Schu___ haben wir ein Eis ___gessen. Das war supertoll. Jet___ sehe ich Miki wieder jeden T_____. Da kann ich sogar d___ Schule vergessen.

Aber es tut weh, al_____ haben von ihren Fe_____ gesprochen, alle waren weg, i___ Italien, Spanien oder Griechenland. Nur i___ nicht. Mutter sagt, das i_____ zu teuer. Sie hat ni_____ genug Geld. Ich möchte au_____ einmal nach Griechenland flie_____.

Miki war total n_____, er hat nicht von Spanien ___redet.

10 zehn

3 Das hat total genervt!

a Hör das Gespräch von Nadja und Pia noch einmal. Richtig oder falsch? Kreuze an.

5

	richtig	falsch
1. Der Schulanfang von Nadja und Pia war schlimm.	☐	☒
2. Nadja hat ihrem Bruder Jannik eine Schultüte gegeben.	☐	☐
3. Jannik hat am ersten Schultag neue Klamotten getragen.	☐	☐
4. Die Oma ist auch zur Schule gegangen.	☐	☐
5. Die Oma hat Jannik neue Schuhe gekauft.	☐	☐
6. Nadja isst nicht gern Pizza.	☐	☐

b Was war los in der Schule? Schreib die richtige Form in die Lücken.

1. Heute ist in der Klasse viel _passiert_ (passieren). 2. Der Lehrer hat den Computer _____ (reparieren). 3. Die Schüler haben Quatsch _____ (machen). 4. Ines hat lange _____ (telefonieren). 5. Max hat in der Stunde _____ (trainieren). 6. Julia hat heute Geburtstag. Es hat Torte _____ (geben). 7. Alle haben Julia _____ (gratulieren).

4 Der Bleistift steht am Montag auf.
Chaos in der Klasse. Setz die richtigen Verben ein.

> malen • schreiben • ~~lernen~~ • singen • spielen

Deutsch	Die Schüler tanzen Deutsch.	_Die Schüler lernen Deutsch._
Kunst	Peter schreibt ein Bild.	_____
Musik	Alle sprechen ein Lied.	_____
Sport	Die Schüler singen Fußball.	_____
Mathematik	Der Lehrer lernt Zahlen.	_____

5 Langes *e*, kurzes *e* und schwaches *e*

a Schreib *e*, *ee* oder *eh*. Wo ist das *e* lang? Markiere.

Der L___rer in Mathe ist s___r n___tt. In G___ografie haben wir einen F___rnseh-Film über die Nords___ ges___en. In der ___rsten Stunde l___rnen wir ___nglisch.

6

b Lies die Sätze in 5a halblaut. Hör dann die CD zur Kontrolle und sprich mit.

7

c Schwaches *e* bei *ge-* und *-e*. Markiere. Hör dann die CD und sprich mit.

In den Ferien hab<u>e</u> ich viele Freunde kennengelernt. Ich habe mit ihnen nicht über die Schule geredet. In der Schule lernen wir jetzt eine neue Sprache.

6 Projektwoche

a Was möchten Petra und Andreas wissen? Hör die CD und kreuze an.

8

> **Ludwig-Thoma-Schule Bernbach**
> **Projektwoche für die 7. Klassen**
> In der Woche vor den Ferien machen wir wieder zwei Aktionstage: am 15. und 16. Juli.
> Jeder Schüler / Jede Schülerin nimmt pro Tag an einem Programm teil.
> **Am 17. Juli** gibt es um 9.00 Uhr **Zeugnisse**.

Das möchte Petra wissen:

1. ☐ Brauchen wir unsere Fahrräder?
2. ☐ Was müssen wir anziehen?
3. ☐ Wie weit fahren wir mit Jan Zobel?
4. ☐ Wie lange fahren wir Rad?

Das möchte Andreas wissen:

5. ☐ Machen wir da selbst Musik?
6. ☐ Wie lange dauert das Projekt?
7. ☐ Wie kann man Instrumente machen?
8. ☐ Wie viele Instrumente spielen Sie, Herr Fischer?

b Keine Lust auf Projektwoche? Ergänze den Dialog. Der Schüttelkasten hilft.

> ~~am Mittwoch~~ • blöd • finde • fragen • gehe • hatten • Lust • mag • spielt • suchen

● Was machst du __am Mittwoch__ (1)?

○ Ich habe keine _____ (2) auf Projektwoche. Ich will keine Tiere _____ (3) und

fotografieren. Das finde ich _____ (4). Oder hier: Welche Berufe _____ (5)

die Leute früher? Da müssen wir alte Leute _____ (6). Das mag ich nicht.

● Das Sportprogramm ist gut, das _____ (7) ich klasse. Kommst du auch mit?

○ Ich weiß nicht. Ich _____ (8) lieber zu Herrn Fischer. Der ist echt gut, der Typ ist

cool. Er _____ (9) sogar selbst in einer Band. Und Musik _____ (10) ich

total gern.

c Was mögen Petra und Andreas? Verbinde die Sätze.

Andreas
1. Ich spiele Klavier, …
2. Ich mag Musik total gern, …
3. Tokio Hotel finde ich blöd, …

Petra
4. Fußball ist toll, …
5. Ich mache gern Sport, …
6. Zu Hause sein ist langweilig, …

A … Gitarrenmusik gefällt mir besonders gut.
B … ich mag die Schulband viel lieber.
C … aber Gitarre ist mein Lieblingsinstrument.
D … das mag ich nicht.
E … aber Tennis spiele ich lieber!
F … nur Akrobatik finde ich blöd.

7 Eure Projekte

Was war dein Lieblingsprojekt? Was hast du gemacht? Schreib in dein Heft.

8 Zwei Projektgruppen berichten

a Petra schickt ihrer Freundin Elisa eine E-Mail. Was haben die Schüler diese Woche gemacht? Schreib im Perfekt.

> **Projektwoche – Bitte beachten!**
>
> Am Mittwoch und Donnerstag organisiert die Schule Projekttage. Jeder Schüler macht ein Projekt pro Tag. Wir gehen nicht in die Klasse, wir treffen uns auf dem Schulhof. Am Freitag gibt es die Zeugnisse.

An:

≡▾ Betreff: Projektwoche

Liebe Elisa!

Am Mittwoch und Donnerstag hat die Schule _____

_____

_____

_____

_____

_____

_____

b Die Lehrerin hat den Text korrigiert. Schreib die Sätze richtig.

Wir <u>haben</u> mit Jan Zobel Rad gefahren. Das <u>waren</u> super. Herr Mair hat alles <u>georganisiert</u>. Jan hat <u>sagen</u>, er <u>fahrt</u> langsam. Aber er <u>hat</u> nicht langsam <u>gefahrt</u>! Wir <u>hat</u> auch Pausen <u>gemachen</u>. Er hat uns viele Tipps <u>geben</u>. Nach drei Stunden <u>haben</u> wir wieder in die Schule <u>gekommt</u>. Es <u>hat</u> nichts <u>passieren</u>.

Wir sind mit Jan Zobel Rad gefahren.

Das _____

_____

_____

_____

_____

_____

_____

_____

9 Umfrage in der Klasse: Unsere Schule

a Fragen zur Schule. Ergänze *welchen*, *welches* oder *welche*.

1. *Welche* Lehrerin hast du in Mathe?   2. _____ Fach magst du nicht gern?   3. _____ Buch liest du gerade?   4. _____ Note hast du in Biologie?   5. _____ Lehrer magst du? Herrn Mai?   6. _____ Fächer findest du gut?   7. _____ Projekte habt ihr gemacht?

b Ergänze die Tabelle.

	Nominativ	Akkusativ
der Tag	*Welcher* Tag ist heute?	_____ Tag magst du nicht?
das Fach	_____ Fach ist das?	_____ Fach hast du jetzt?
die Sprache	_____ Sprache ist das?	_____ Sprache lernst du?
die Noten	_____ Noten sind gut?	_____ Noten hast du im Zeugnis?

10 So ein Lärm!
a Was passt zusammen? Ordne zu.

1. Am Donnerstag haben wir Deutsch. _D_

2. Morgen habt ihr zwei Stunden Mathematik. ____

3. Kann ich bitte dein Mathe-Heft haben? ____

4. Hast du mein Handy gesehen? ____

5. Wo ist meine Tasche? Hast du sie gesehen? ____

A Was möchtest du? Mathe?

B Ach! Du suchst deine Tasche.

C Bitte? Was suchst du?

D Können Sie das bitte wiederholen? Was ist am Donnerstag?

E Entschuldigung! Was haben Sie gesagt? Was ist morgen?

b In der Klasse: *mein, dein, sein* … Ergänze die richtigen Formen.

SKDJFMEINETASCHEDKSLFBVCIHRESCHUHEASDFJKLÖDEINENLEHRERTÖDPER
IHREBRILLEBNMDFGADEINELEHRERINSKRSKEUREBÜCHERFGHJUIIHRHEFTHGQW
ETZSEINKLASSENZIMMERVCIHREHAUSAUFGABENPOIUZÖLKIHRSCHLÜSSELMNB

1. Hallo, ich suche ___meine___ Tasche! Hast du sie gesehen?

2. Suchst du _____ Lehrer? Dort steht er, auf dem Schulhof. Und ich sehe auch _____ Lehrerin. Hallo, Frau Morfeld!

3. Max sucht _____ Klassenzimmer. Wo ist Raum 204?

4. Frau Morfeld, ich habe _____ Brille gefunden! Und ist das _____ Schlüssel?

5. Tina findet _____ Schuhe nicht mehr! Hat sie jemand gesehen?

6. Holt bitte _____ Bücher raus. Macht sie bitte auf, Seite 42!

7. Die Schüler machen _____ Hausaufgaben. Sie schreiben in _____ Heft.

11 Wie bitte?
Alle bekommen ihre Sachen! Ergänze.

1. Ich suche …
- ___meinen___ Schlüssel.
- _____ Heft.
- _____ Tasche.
- ___meine___ Schuhe.

2. Du findest …
- _____ Schlüssel.
- _____ Heft.
- ___deine___ Tasche.
- _____ Schuhe.

3. Max sucht …
- _____ Schlüssel.
- _____ Heft.
- _____ Tasche.
- ___seine___ Schuhe.

4. Tina findet …
- _____ Schlüssel.
- _____ Heft.
- ___ihre___ Tasche.
- _____ Schuhe.

5. Ihr findet …
- _____ Schlüssel.
- _____ Heft.
- _____ Tasche.
- ___eure___ Schuhe.

6. Frau Müller, sehen Sie …
- _____ Schlüssel?
- ___Ihr___ Heft?
- _____ Tasche?
- _____ Schuhe?

Wörter – Wörter – Wörter

12 Über die Schule sprechen
Was passt zu welchem Fach? Ordne zu. Manche Ausdrücke passen mehr als einmal.

> Ball spielen • laufen • die Farbe • die Figur • ein Instrument spielen • eine CD hören
> eine Geschichte lesen • einen Text schreiben • etwas vorspielen • Fotos machen
> ein Bild malen • mit dem Partner sprechen • Musik machen • Rad fahren • ein Lied singen
> tanzen • trainieren • ~~Wörter wiederholen~~

Deutsch	Sport	Kunst	Musik
Wörter wiederholen,			

13 Vorlieben ausdrücken

a Welcher Ausdruck passt nicht? Streich ihn durch.

1. Das gefällt mir gut. – Das finde ich klasse. – ~~Es geht.~~ – Das mag ich gern.
2. Das mag ich nicht. – Das mache ich gern. – Das gefällt mir nicht. – Das finde ich blöd.
3. Das finde ich spitze. – Das ist echt super. – Ich weiß nicht. – Das ist toll.
4. Das schmeckt toll. – Das ist nicht gut. – Das liebe ich. – Das ist echt gut.

 b Was magst du in der Schule und was nicht? Schreib je fünf Sätze in dein Heft.

> Einen Text schreiben finde ich klasse.
> Ich mag meinen Mathelehrer nicht.

14 Die Schule – ein Rätsel
Ergänze die Wörter. Wie heißt das Lösungswort?

Das mögen alle Schüler sehr gern. Dann haben sie frei.   F E R I E N

In meiner Schule ist von 10.35 bis 10.50 Uhr …   _ _ _ _ _ _

Das mache ich gern in der Schule, das sind meine Lieblings…   _ _ _ _ _ _

In dieser Woche haben wir keine Schulfächer im Stundenplan.   _ _ _ _ _ _ _ _ _ _ _

Frau Müller sieht nicht so gut, sie braucht eine …   _ _ _ _ _ _ _

Nach der Schule muss ich immer die … machen   _ _ _ _ _ _ _ _ _ _ _ _

Mit dem … kann ich immer telefonieren, nur in der Schule nicht.   _ _ _ _ _ _

Das Lösungswort heißt _____ .

15 Meine Wörter
Welche Wörter, Ausdrücke oder Sätze sind für dich wichtig? Schreib auf.

_____

3 Freunde und Freizeit

1 Probleme

a Erinnerst du dich an die Probleme von den Jugendlichen im Kursbuch? Was passt nicht? Streich durch und korrigiere. Aufgabe 1c im Kursbuch hilft.

1. immer viele Fehler im Diktat machen – eine schlechte Note bekommen – zu ~~viel~~ *wenig* gelernt haben – Ärger mit den Eltern haben

2. die Zeit vergessen haben – zu spät nach Hause kommen – die Eltern glücklich sein – sofort ins Bett gehen müssen

3. der neue Film im Kino kommen – Kinokarten kaufen wollen – zu wenig Taschengeld bekommen – die Karten bezahlen können

4. verliebt sein – das Mädchen ihn toll finden – nicht mit dem Mädchen sprechen – der Junge deprimiert sein

 b Beschreib die Situationen aus 1a. Schreib in dein Heft.

> 1. Marina macht immer viele Fehler im Diktat und sie hat eine schlechte Note bekommen. ...
> 2. Das Mädchen hat die Zeit vergessen. Sie kommt ...
> 3. Der neue Film kommt im Kino. Tanja und Marco wollen ...
> 4. Basti ist verliebt. Aber das Mädchen ...

2 So ein Ärger!

a Ordne den Dialog.

- [ ] ○ Du hast ja bald Geburtstag. Dann schenke ich dir den Film auf DVD.
- [ ] ● Aber jetzt kommt mein Lieblingsfilm.
- [1] ● Kann ich noch ein bisschen fernsehen, Mama? Bitte!
- [ ] ● Doofe Schule.
- [ ] ○ Du musst den Film ein anderes Mal sehen. Morgen ist Schule.
- [ ] ○ Nein, du musst jetzt ins Bett.

 b Hör zur Kontrolle.

9

3 Nadjas Problem
So kann man es auch sagen. Wie steht das im Beitrag von Nadja? Lies noch einmal im Kursbuch S. 21 und ergänze.

1. Ich habe Schwierigkeiten mit meiner Freundin.   *Ich habe Probleme mit meiner Freundin.*

2. Sie mag meinen Freund nicht.   _____

3. Er denkt nicht an andere Menschen.   _____

4. Ich will etwas mit beiden zusammen machen.   _____

5. Was kann ich machen?   _____

4 Gute Ratschläge

a Welcher Tipp passt? Ordne zu.

1. Ich habe Schwierigkeiten mit allen Lehrern in meiner Schule.
2. Meine Hausaufgaben sind immer zu schwer.

3. Ich habe seit zwei Wochen Streit mit einem Freund.

4. Meine Freunde haben nie Zeit für mich!
5. Meine Freundin hat keinen Freund. Sie ist sehr traurig.
6. Ich komme oft zu spät nach Hause. Meine Eltern sind dann besorgt.

A Ich würde mit ihm über das Problem sprechen.
B Ich würde sie mit dem Handy anrufen. Dann wissen sie, wo du bist.
C Ich würde viel mit ihr in der Freizeit zusammen machen. Vielleicht lernt sie einen netten Jungen kennen.
D Ich würde nett zu den Lehrern sein.
E Ich würde neue Freunde suchen.

F Du brauchst Hilfe beim Lernen. Ich würde mit den Lehrern sprechen.

b Schreib die Sätze richtig.

1. würde / sprechen / Ich / über das Problem / .

   Ich würde über das Problem sprechen.

2. Ich / mit anderen Freunden / etwas / würde / machen / .

   _____

3. eine CD / Ich / ihr / schenken / würde / .

   _____

4. machen / einen Mädchentag / würde / Ich / .

   _____

5. mit dem schönen Mädchen / sprechen / Ich / würde / .

   _____

c Was würdest du tun? Ergänze.

1. Ich habe keinen Computer.   *Ich würde meine Eltern fragen.*
2. Meine Freundin spricht nicht mehr mit mir.   *Ich würde …*
3. Ich bekomme zu wenig Taschengeld.   *Ich …*
4. Mein Freund zieht in eine andere Stadt um.   *Ich …*
5. Seit zwei Tagen habe ich Halsschmerzen.   *Ich …*

3

5 Mädchentag

a Schreib die Verben im Präsens.

1. angefangen *anfangen*
2. abgeholt _____
3. angerufen _____
4. aufgeräumt _____
5. ausgestiegen _____
6. bekommen _____
7. besucht _____
8. eingeladen _____
9. entschuldigt _____
10. erzählt _____
11. gefallen _____
12. gewonnen _____
13. mitgebracht _____
14. mitgenommen _____
15. verabredet _____
16. versprochen _____

b Welche Verben in 5a sind trennbar? Markiere.

c Untrennbare Verben – aber so ein Chaos! Wie heißt das Partizip?

{be-} {-komm-} {be-} {ver-} {-t} {en} {-such-} {ent-}
{-t} {-zähl-} {er-} {-t} {-abrede-} {-sproch-} {-schuldig-} {-en}
{ge-} {en} {-fall-} {-t} {ge-} {-en} {ver-} {-wonn-}

1. *besucht*   3. _____   5. _____   7. _____
2. _____   4. _____   6. _____   8. _____

d Ergänze die richtigen Verben im Perfekt. Die Liste in 5a hilft.

mitnehmen • gefallen • mitbringen • einladen • anrufen • erzählen • besuchen • bekommen

Gestern habe ich zwei Freundinnen, Marie und Luisa, zu mir nach Hause _mitgenommen_. Sie
haben einen Kuchen _____ (1) und wir haben die ganze Zeit viel _____ (2).
Dann hat Mirko auf dem Handy _____ (3) und ich habe ihn auch _____ (4).
Er hat uns mit zwei Freunden, Lukas und Martin, _____ (5). Ich habe auch noch von
meiner Nachbarin Besuch _____ (6) und plötzlich war es eine richtige Party! Mir hat der
Tag gut _____ (7).

6 Wortakzent bei Verben

a Was ist betont? Unterstreiche. Hör dann zur Kontrolle.

10

abholen – anfangen – aufstehen – aussteigen – beschreiben – einladen – entschuldigen – erklären –
gewinnen – mitbringen – vergessen – verstehen

b Hör noch einmal und sprich nach.

7 Jungentag?

a Hör noch einmal den Dialog aus dem Kursbuch. Was ist typisch für Linus? Kreuze an.

11

1. [A] Linus mag jeden Sport.   [B]✗ Linus schwitzt beim Basketball.
2. [A] Linus geht nicht auf die Straße, wenn es regnet.   [B] Linus liebt den Regen.
3. [A] Linus tanzt nicht gut.   [B] Linus tanzt super.
4. [A] Linus geht immer gern ins Kino.   [B] Linus hat keine Lust auf Kino.
5. [A] Linus hat viele Freunde.   [B] Linus hat keine Freunde.

b Welche Sätze passen zusammen? Ordne zu.

1. Ich rufe den Arzt an.   A Sie ist müde.
2. Er bekommt ein großes Geschenk.   B Du bist krank.
3. Wir gehen im Park spazieren.   C Die Sonne scheint.
4. Wir bleiben zu Hause und hören Musik.   D Du hast Hunger.
5. Du musst etwas essen.   E Er hat Geburtstag.
6. Sie muss ins Bett gehen.   F Es regnet den ganzen Tag.

c Verbinde die Sätze aus 7b mit *wenn*. Achte auf das Verb im *wenn*-Satz.

1. *Ich rufe den Arzt an, wenn du krank bist.*
2. _____
3. _____
4. _____
5. _____
6. _____

8 Wenn …
Wann machst du das? Ergänze die Sätze.

1. Ich schwitze, wenn _____
2. Ich gehe ins Kino, wenn _____
3. Ich bringe dir einen Kuchen mit, wenn _____
4. Ich besuche dich, wenn _____
5. Ich gehe traurig nach Hause, wenn _____

9 Verabredungen

a Wie fragt man bei einer Verabredung? Kreuze an.

[X] Kommst du morgen mit ins Kino?

[ ] Hast du morgen Zeit?

[ ] Wie geht's dir?

[ ] Willst du mit mir ins Aquarium gehen?

[ ] Schwitzt du beim Sport?

[ ] Was machst du morgen um 12 Uhr?

[ ] Wo ist der Flohmarkt?

[ ] Wie viel kostet die Kinokarte?

b Kommst du mit? Mach eine Tabelle im Heft. Ordne die Sätze richtig ein.

Tut mir leid. Ich habe keine Lust!

Ich weiß es noch nicht.

~~*Tolle Idee!*~~

Nein, ich habe keine Zeit.

Einverstanden! Bis dann.

Schade, das ist zu früh.

~~*Ich kann leider nicht kommen.*~~

Oh ja, super!

Vielleicht.

Ja, gern. Wann?

☺	☺	☹
Tolle Idee!		*Ich kann leider nicht kommen.*

c Wo oder wohin? Wie muss es heißen? Kreuze an.

1. Das Theater beginnt um 18 Uhr. Treffen wir uns [ ] ins [X] vor dem Theater?

2. Kommst du morgen mit [ ] in die [ ] im Disco?

3. Wir treffen uns am Freitag [ ] ins [ ] im Kino. Kommst du mit?

4. Bist du morgen [ ] in die [ ] in der Sporthalle?

5. Willst du mit mir [ ] zum [ ] auf dem Flohmarkt gehen?

10 Tom ist unterwegs.

Wo hört man das? Kreuze an.

12

1.

[ ] auf dem Flohmarkt

[ ] im Supermarkt

2.

[ ] im Theater

[ ] im Kino

3.

[ ] im Flugzeug

[ ] auf dem Flughafen

Wörter – Wörter – Wörter

11 Orte in der Stadt
Wo kann man sich treffen? Löse das Rätsel.

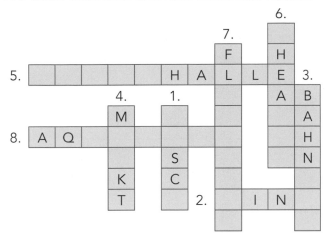

1. Hier kann man tanzen. Die Musik ist laut.
2. Einen neuen Film sieht man im ... .
3. Hier kommen viele Züge an.
4. Frisches Obst und Gemüse gibt es auf dem ... .
5. Hier kann man Ball spielen, wenn es regnet.
6. Es ist wie ein Kino, aber man sieht keinen Film.
7. Hier kann man alte Dinge, Möbel und Kleidung kaufen.
8. Hier schwimmen viele Fische.

12 Aktiv in der Stadt
Was passt nicht? Streich durch.

Disco: tanzen – DJ Luna – ~~essen~~ – trinken
Straßenfest: auf der Straße – Haltestelle – Konzerte – Flohmarkt
Kino: Frühstück – Karte – Film – dunkel
Aquarium: Fische – Wasser – Hunde – füttern
Sporthalle: Halsschmerzen – Basketball – Turnschuhe – schwitzen

13 Eine Idee ...?
Welches Wort passt: *haben, sein, machen*? Ordne zu.

viel zusammen	eine Idee	besorgt
einen Mädchentag	keine Lust	verliebt
etwas mit Freunden	Probleme	deprimiert
keinen Spaß	Angst	egoistisch

14 Fragen über Fragen

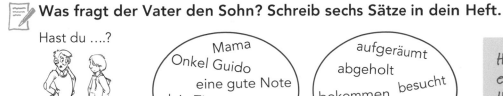

Was fragt der Vater den Sohn? Schreib sechs Sätze in dein Heft.

Hast du ....?

Mama
Onkel Guido
eine gute Note
dein Zimmer
deine Schwester
Oma

aufgeräumt
abgeholt
bekommen   besucht
eingeladen
angerufen

Hast du Onkel Guido
eingeladen?
Hast du Oma ...?

15 Meine Wörter
Welche Wörter, Ausdrücke oder Sätze sind für dich wichtig? Schreib auf.

Unterwegs

1 **Warum bist du zu spät?**

Was ist passiert? Schreib immer zwei Sätze in der Vergangenheit.

1. (Pia – mit dem Bus – fahren / Sie – im Bus – schlafen)
   Pia ist mit dem Bus gefahren. Sie hat im Bus geschlafen.

2. (Herr Müller – zu Fuß – gehen / Das Auto – einen Platten – haben)
   _____

3. (Nadja – auf die U-Bahn – warten / Die U-Bahn – zu spät – sein)
   _____

4. (Jannik und Max – den Bus – nicht nehmen / Sie – kein Geld – haben)
   _____

2 **Entschuldigung, ich ...**
Warum kommen die Personen zu spät? Der Kasten hilft.

> mit dem Fahrrad • gedauert • ~~gewartet~~ • zu Fuß • seine Fahrkarte • zu spät
> eine halbe Stunde • Haltestelle • dauert

1. Jannik hat auf den Bus _gewartet_. Er hatte _____ (1) Verspätung.

   Jannik wollte nicht mehr warten, er ist lieber _____ (2) gegangen.

2. Anton hat sein Geld und _____ (3) vergessen. Deshalb fährt er

   _____ (4). Das _____ (5) viel länger.

3. Paul ist zur U-Bahn-_____ (6) gegangen, aber die U-Bahn war

   _____ (7). Es hat fast 20 Minuten _____ (8), dann ist sie gekommen.

3 **Nichts als Ausreden!**

a Was passt zusammen? Ordne zu.

1. Ich war so müde.
2. Meine Schuhe waren weg.
3. Ich hatte kein Geld für den Bus.
4. Der Wecker hat nicht geklingelt.
5. Der Bus hatte einen Platten.

A Ich musste zu Fuß gehen.
B Ich bin beim Frühstück wieder eingeschlafen.
C Ich habe zu lange geschlafen.
D Er konnte nicht fahren.
E Ich konnte nicht aus dem Haus gehen.

b Verbinde die Sätze aus 3a mit *deshalb*. Schreib in dein Heft.

> _1. Ich war so müde, deshalb bin ich beim Frühstück wieder eingeschlafen._

c Welche Form ist richtig? Kreuze an.

1. Robbie ☒ musste ☐ musstet auf die U-Bahn warten.

2. Pia und Paul ☐ konntest ☐ konnten nicht früher kommen.

3. Sie erzählen: „Wir wollten früher kommen, aber wir ☐ mussten ☐ musstet zu Fuß gehen."

4. Nadja sagt: „Warum ☐ konnte ☐ konntet ihr mich nicht anrufen?"

5. Pia sagt: „Ich ☐ wollte ☐ wollten ja, aber ich hatte kein Handy dabei!"

6. Paul sagt: „Du ☐ musste ☐ musstest auf uns warten – entschuldige bitte!"

7. Endlich ☐ konntet ☐ konnten sie in den Park gehen.

d Ergänze die Präteritum-Formen. Übung 2c hilft dir dabei.

	können	müssen	wollen
ich		musste	
du			wolltest
er/es/sie	konnte		

	können	müssen	wollen
wir			
ihr		musstet	
sie/Sie			wollten

4 Wunsch und Wirklichkeit

a Platos Tag. Was wollten die anderen machen? Ergänze die Modalverben.

1. „Ich __wollte__ in Ruhe schlafen, aber ich _____ nicht – Plato _____ mit mir spielen. Aber ich spiele nicht mit Hunden!"

2. „Ich war am See und Plato _____ mitkommen. Aber er _____ nicht – ich bin mit dem Fahrrad gefahren."

3. „Plato _____ spazieren gehen, aber ich _____ leider meine Hausaufgaben machen – der Arme!"

4. „Ich war so hungrig – ich _____ die Wurst einfach haben! Plato _____ sie auch essen, aber ich war schneller!"

 b Was war das Problem? Schreib Sätze in dein Heft. Der Kasten hilft dir.

zu teuer • keine Plätze frei • Schuhe kaufen • ~~Eltern haben es verboten~~ • ins Kino gehen • ~~campen~~

1. Cornelia   2. Lucia   3. Luis und Kristina

1. Cornelia wollte campen, aber sie konnte nicht. Ihre Eltern haben es verboten.

4

5 Ein besonderer Tag

a Lies die Antworten von Eva, Johannes und Irina. Was passiert an einem besonderen Tag? Markiere.

„Was ist für dich ein besonderer Tag?"

Eva, 13 Jahre, Geburtstagskind:
Ein besonderer Tag? Heute! Ich lade meine Freunde ein und meine Mutter backt einen Kuchen.

Johannes, 14 Jahre, spielt seit einem Jahr im „Fußballverein München":
An besonderen Tagen gewinnen meine Freunde und ich alle Spiele. Dann sind alle glücklich!

Irina, 14 Jahre, Schülerin am Schiller-Gymnasium:
Ein besonderer Tag ist für mich ein freier Tag: Ich habe keine Schule, keine Hausaufgaben, keinen Gitarrenunterricht. Ich bleibe zu Hause und mache nichts!

b Schreib zu jeder Person zwei *wenn*-Sätze über ihren besonderen Tag. Achtung! Das Verb und die Pronomen sind anders.

1. _Für Eva ist ein besonderer Tag, wenn sie ihre Freunde einlädt._

   Es ist ein besonderer Tag, wenn ihre Mutter einen Kuchen backt.

2. _Für Johannes ist es ein besonderer Tag, wenn seine ..._ _____

   _____

3. _____

   _____

6 Culcha Candela
Lies den Text über Culcha Candela und ergänze die Wörter aus dem Kasten.

> ~~Band~~ • über fünf • Bandmitglieder • Sprachen • seit 2001 • Konzerte • Lieder

Culcha Candela ist eine deutsche und internationale _Band_ (1).

Die sieben _____ (2) kommen aus vielen Ländern

und leben jetzt in Berlin. Ihre _____ (3) sind manchmal

auf Deutsch, aber auch auf Englisch, Spanisch und in anderen

_____ (4). Sie singen und spielen _____ (5)

zusammen und haben schon _____ (6) CDs gemacht.

Besonders gerne besuchen die Fans ihre _____ (7), denn live ist die Band einfach fantastisch.

7 Mensch, das ist doch ganz einfach!
Ordne die Wörter zu.

> der Computer • die E-Mail • das Passwort • ~~der Posteingang~~

1. *der Posteingang* 2. _____ 3. _____ 4. _____

8 Wie schickt man E-Mails?

a Wie öffnet man ein Mailprogramm? Ordne die Sätze.

___ die Webseite vom Mailprogramm wählen   ___ zum Posteingang kommen

_1_ Internetbrowser öffnen   ___ auf der Startseite das Passwort eingeben

b Schreib einen kurzen Text für einen Freund mit den Sätzen aus 8a. Der Kasten hilft.

> Hallo! Ins Mailprogramm kommst du ganz einfach.
> Zuerst öffnest du den ...
> _____
> _____

> ~~zuerst~~
> anschließend
> zum Schluss
> danach

c Du hast etwas nicht verstanden. Was sagst du? Sortiere die Sätze.

1. Was / du / meinst / ?   *Was meinst du?*_____
2. du / das / erklären / Kannst / ?   _____
3. verstehe / nicht / Ich / .   _____
4. langsam / bitte / noch / mal / Erklär / !   _____
5. denn / Was / das / ist / ?   _____

d Was kannst du sagen? Wähle einen Satz oder eine Frage aus 8c.

1. ● Gestern habe ich mit einer Freundin geskypt.
   ○ Geskypt? Was *meinst du*_____?

2. ● Kennst du „Skype" nicht?
   ○ Nein. _____?

3. ● Skypen ist telefonieren im Internet.
   ○ Hm. Ich _____.

4. ● Das ist super! Ich skype ganz oft!
   ○ Das möchte ich auch probieren.
   _____?

5. ● Also, du meldest dich bei Skype an, dann öffnest du das Programm und ...
   ○ Moment – _____!

4

9 Alles klar?

a Was passt nicht zu einem Computer? Streich durch.

die DVD
~~das Kino~~
das Computerspiel

surfen
segeln
chatten

Radio hören
Filme sehen
Partys machen

die Schlüssel
die Tasten
die Boxen

die Mailbox
die Internetadresse
die Hausnummer

ein Programm anklicken
einen Platten haben
eine Nachricht bekommen

b Was kann man damit machen? Erkläre. Der Kasten hilft.

1. Mit den Tasten _kann man eine Mail schreiben._

2. Mit dem Handy _____

3. Mit den Boxen _____

4. Mit dem Passwort _____

> ~~eine Mail schreiben~~
> Radio hören
> eine SMS schicken
> ein Mailprogramm öffnen

c Hör das Gespräch und ergänze die Lücken.

13

● Kannst du mir bitte _helfen_ ?

○ Ja, klar. Was _____ denn los?

● Ich habe _____ zwei Tagen ein neues Handy.
Ich möchte die Mailbox hören, aber wie? Das
_____ ich nicht.

○ Zeig mal. Ach ja, ich _____. Also, es ist

ganz einfach. Zuerst _____ du die 5533,
dann kommst du _____ einem Programm.

● Das verstehe ich jetzt _____. Was für ein
Programm ist das?

○ Ein Programm für die Mailbox. Und dann: Hör
einfach zu. Die _____ alles.

10 Auslautverhärtung

a Was hörst du: _t_ oder _d_? Wie schreibt man die Wörter richtig? Ergänze.

14

1. „_t_"/Ra_d_   2. ___/Rä___er   3. ___/ra___en   4. ___/Bä___er   5. ___/ba___en   6. ___/Ba___

b Was hörst du: _p_ oder _b_? Kreuze an.

15

1. b p   2. b p   3. b p   4. b p   5. b p   6. b p

c Was hörst du: _k_ oder _g_? Wie schreibt man die Wörter richtig? Ergänze.

16

1. Fra_g_ – Fra___e   2. Dan___ – dan___en   3. Ta___ – Ta___e   4. mö___en – ma___
   „_k_" – „_g_"   ___ – ___   ___ – ___   ___ – ___

d Hör die Sätze und sprich mit. Achte auf die unterstrichenen Buchstaben.

17

1. Ich rate dir: Fahr mehr Ra_d_. Das ist gesun_d_ und hält fit.

2. Bal_d_ ist rechts der Wal_d_.

3. Den Monta_g_ ma_g_ ich nicht.

Wörter – Wörter – Wörter

11 Verkehrsmittel

a Hier ist viel los! Markiere nur die Verkehrsmittel.

aber**ubahn**dasistbusdochnichtmotorradsoschwerautooderstraßenbahnwasdenkstfahrradduzug

b Schreib die Verkehrsmittel mit Artikel und im Plural ins Heft.

die U-Bahn, die U-Bahnen

c Was war los? Wähle aus und schreib je einen Satz. Es gibt mehrere Möglichkeiten.

1. U-Bahn
2. Fahrrad
3. Auto
4. Bus
5. Straßenbahn

A nicht pünktlich sein
B einen neuen Fahrplan haben
C nicht fahren
D zu voll sein
E einen Platten haben

1C: Die U-Bahn ist heute nicht gefahren.
1A: Die U-Bahn war nicht pünktlich.

12 Silbenrätsel
Welche Adjektive für Musik gibt es hier? Schreib auf.

fröh • ~~ig~~ • ig • lang • lich • mono • rig • ~~rock~~ • roman • ruh • sam • tisch • ton • trau

rockig,

13 Abläufe erklären
Du brauchst eine Fahrkarte. Was machst du zuerst, was machst du dann? Schreib einen kurzen Text. Die Wörter im Kasten helfen dir.

Geld einwerfen • ~~zum Automaten gehen~~ • die Fahrkarte nehmen
die Fahrkarte wählen • mit der Fahrkarte einsteigen

1. *Zuerst gehe ich zum Automaten* .

2. Dann _____ .

3. Anschließend _____ .

4. Danach _____ .

5. Zum Schluss _____ .

14 Meine Wörter
Welche Wörter, Ausdrücke oder Sätze sind für dich wichtig? Schreib auf.

_____

Hören

18

Du hörst ein Gespräch.
Zu dem Gespräch gibt es Aufgaben. Kreuze an: richtig oder falsch.
Du hörst das Gespräch **zweimal**.

Beispiel

0 Daniel war im Kino. `richtig` `falsch` ✗

Du hörst das Gespräch in zwei Teilen. Lies die Sätze 1 bis 5.

1 Robbie kommt zehn Minuten zu spät. `richtig` `falsch`

2 Robbie sagt: „Der Bus ist nicht gefahren." `richtig` `falsch`

3 Der Bus Nr. 15 war pünktlich. `richtig` `falsch`

4 Robbie geht immer zu Fuß. `richtig` `falsch`

5 Nadja hat ihr Handy zu Hause vergessen. `richtig` `falsch`

Jetzt hörst du den **ersten Teil** des Gesprächs.

Du hörst den ersten Teil des Gesprächs **noch einmal**.
Markiere **dann** für die Sätze 1 bis 5:
richtig oder falsch.

Lies die Sätze 6 bis 11.

6 Nadja ist mit der Straßenbahn Nr. 18 gefahren. `richtig` `falsch`

7 Nadja war bei Pia. `richtig` `falsch`

8 Nadja hat die Hausaufgaben nicht gemacht. `richtig` `falsch`

9 Robbie war zu Hause und hat Musik gehört. `richtig` `falsch`

10 Er ist erst um fünf vor vier aufgewacht. `richtig` `falsch`

11 Robbie hat eine neue CD. `richtig` `falsch`

Jetzt hörst du den zweiten Teil des Gesprächs.

Du hörst den **zweiten Teil** des Gesprächs **noch einmal**.
Markiere **dann** für die Sätze 6 bis 11: richtig oder falsch.

Lesen

In einem Jugendmagazin findest du zwei Briefe von Lesern an Frau Dr. Winterfeld, Psychologin.

Leserbrief 1

Liebe Frau Dr. Winterfeld,

ich bin sehr traurig. Ich glaube, meine Eltern mögen mich nicht.
Sie haben nie Zeit für mich. Meine Mutter arbeitet viel. Mein Vater
hat keine Arbeit mehr. Aber er hat auch keine Zeit für mich, er sieht
lieber Fußball im Fernsehen.
Ich habe immer jeden Monat 25 Euro Taschengeld bekommen. Jetzt
bekomme ich nur noch 15 Euro. Ich verstehe das nicht.
Letzte Woche haben wir eine Mathearbeit geschrieben. Heute hat
uns der Lehrer die Noten gesagt: Ich habe eine 1! Ich habe mich so
gefreut! Zu Hause habe ich es meinem Papa erzählt. Aber es war
ihm egal. Okay, er hat gesagt: „Gut gemacht!" Aber früher habe ich
immer 3 Euro für eine 1 bekommen. Und heute nichts! Was haben
meine Eltern? Warum mögen sie mich nicht mehr?

Katrin

Leserbrief 2

Liebe Frau Winterfeld,

ich habe ein großes Problem. Ich chatte seit vier Monaten mit einem
Mädchen aus Leipzig. Sie heißt Lotta und ist 14 Jahre alt, genau wie
ich. Wir haben auch schon telefoniert. Sie ist soooo nett!!! Und total
lustig. Wir haben viel gelacht. Ich glaube, sie mag mich auch.
Jetzt möchte Sie ein Foto von mir. Sie hat mir auch ein Foto gemailt.
Sie sieht total hübsch aus! Und ich? Ich bin 5 cm kleiner als die meisten
in meiner Klasse. Und ich wiege 10 Kilo zu viel ... Was kann ich nur
machen? Sie mag mich vielleicht nicht mehr, wenn ich ihr ein Foto
schicke!

Ich brauche Ihre Hilfe!
Jan

Sätze 1 bis 10: Was ist richtig, was ist falsch?

Beispiel zu Leserbrief 1

0   Katrin ist sehr traurig.   ☒ richtig   falsch

Leserbrief 1

1   Die Mutter arbeitet viel.   richtig   falsch

2   Der Vater spielt immer Fußball.   richtig   falsch

3   Katrin hat immer 25 Euro Taschengeld bekommen.   richtig   falsch

4   Katrin hat eine 1 in der Englischarbeit.   richtig   falsch

5   Die Mutter hat gesagt: „Gut gemacht."   richtig   falsch

Leserbrief 2

6   Jan chattet mit einem Mädchen aus Leinfelden.   richtig   falsch

7   Lotta ist nicht sehr nett.   richtig   falsch

8   Sie möchte ein Foto von Jan.   richtig   falsch

9   Jan ist 10 cm kleiner als die meisten in seiner Klasse.   richtig   falsch

10   Jan wiegt 5 Kilo zu viel.   richtig   falsch

Schreiben

Du lernst in Deutschland an einer Sprachenschule Deutsch und liest diese Anzeige.

Zusammen lernen!

Ich heiße Anton und bin 14 Jahre alt. Ich möchte eine neue Sprache lernen. Deshalb suche ich einen „Tandem-Partner". Lernst du Deutsch? Dann kannst du mein Tandem-Partner sein: Du bist mein Lehrer und ich bin dein Lehrer, wenn wir zusammen sprechen. So lernst du meine Muttersprache Deutsch und ich lerne deine Muttersprache!

Ich möchte am liebsten Englisch, Französisch, Spanisch oder Italienisch lernen. Aber ich mag alle Sprachen.

Hast du Lust? Schreib eine Nachricht und gib sie Frau Lorenz von der Sprachenschule.

Antworte bitte mit einem **Brief** (mindestens 50 Wörter).
Schreibe **zu jedem Punkt** bitte ein bis zwei **Sätze**.

1 Stell dich vor (Name, Alter).

2 Woher kommst du (Land, Stadt)?

3 Was ist deine Muttersprache?

4 An welchen Tagen hast du Zeit für Anton?

_____

_____

_____

_____

_____

_____

_____

_____

_____

_____

Sprechen

Sich vorstellen

Name?	*Schule?*
Alter?	*Sprachen?*
Wohnort?	*Familie?*
Adresse?	*Haustier?*
Telefonnummer?	*Hobby?*

5

Sport

1 Ich bin ein Fan von ...

a Welchen Sport machen die jungen Leute? Hör zu und ergänze die Tabelle links. Nicht alle Sportarten im Kasten passen.

> Schwimmen • Tennis spielen • Volleyball spielen • Snowboard fahren
> Skateboard fahren • ~~Laufen~~ • Reiten • Rad fahren • Fußball spielen

	Sport	Was braucht man dazu?
1. Lorenz	*Laufen*	*Laufschuhe*
2. Ellis		
3. Tina		
4. Betti		
5. Tim		
6. Claus		

b Was braucht man für diesen Sport? Schreib ein oder zwei Wörter rechts in die Tabelle. Nicht alle Wörter passen.

> Volleyball • Mütze • ~~Laufschuhe~~ • Tennisschuhe • Badehose • Snowboard • Gummistiefel
> Skateboard • Fahrrad • Tennisball • Fußball • Reithose • Bikini

2 Leon und seine Lieblingssportler

a Ergänze die Lücken. Der Text im Kursbuch hilft.

Leon ist Sportfan. _____ (1) Sport in der Schule ist _____ (2), sagt er. Es macht

_____ (3) Spaß. Leon fährt Snowboard, er _____ (4) Fußball und Volleyball.

Mario Gomez _____ (5) er besonders gut, und _____ (6) Lionel Messi.

b Was hörst du, A oder B? Kreuze an.

1. Ⓐ Leon fährt Snowboard und kann ein paar super Tricks.

   Ⓑ Leon lernt Snowboard fahren und macht einen Kurs.

2. Ⓐ Beim Sport in der Schule macht nur Fußball Spaß.

   Ⓑ Leon sagt, Sport in der Schule ist langweilig.

3. Ⓐ Leon hat ein Autogramm von Mario Gomez bekommen.

   Ⓑ Mario Gomez schießt viele Tore, deshalb ist er arrogant.

4. Ⓐ Der Lieblingsverein von Leon ist der FC Barcelona.

   Ⓑ Leon war mit 100.000 anderen Fans in Barcelona.

3 Das Gästebuch von Sportlern

a Finde acht Wörter für die Lücken im Text.

gewinnt

gespielt

seid

Glück

gratuliere

kauft

glücklich

möchte

bleibst

Spiel

spielt

viele

nett

AUTOR	NACHRICHT
Lucia Franulescu schrieb am 14.06., 11:23:48 Uhr	Liebe Steffi, liebe Okka! Nach dem Turnier in Dresden ⟨gratuliere⟩ (1) ich euch: Platz zwei ist toll!!! Für mich ⟨____⟩ (2) ihr aber immer die Nummer 1. Ihr habt so toll ⟨____⟩ (3). Schade, dass das Wetter soooo schlecht war. Deshalb haben nicht so ⟨____⟩ (4) Zuschauer eure tollen Spiele gesehen. Und am Sonntag im Finale hat nur ein bisschen ⟨____⟩ (5) gefehlt. Ich freue mich schon, wenn ihr im nächsten Jahr wieder in Dresden ⟨____⟩ (6). Ihr seid so sympathisch und ⟨____⟩ (7) zu uns Fans. Und ihr seid so freundlich, wenn man ein Foto ⟨____⟩ (8). Eure Autogramme hängen über meinem Bett. Bleibt so, viel Glück! Ganz liebe Grüße von Lucia

b Was passt zusammen? Verbinde.

1. _C_ Leon sieht gern beim Fußball zu.
2. ___ Peter fährt oft Snowboard.
3. ___ Betty möchte Dirk Nowitzki sehen.
4. ___ Betty spielt gut Basketball.
5. ___ Eva ist im Schwimmverein.

A Sie trainiert sehr oft.
B Sie ist ein Fan von ihm.
C Die Spiele sind spannend.
D Schwimmen ist ihr Hobby.
E Er möchte gute Tricks lernen.

c Verbinde die Sätze aus 3b mit _weil_. Schreib in dein Heft.

Leon sieht gern beim Fußball zu, weil die Spiele spannend sind.

4 Fan sein oder nicht?
Warum lieben die Fans ihre Stars? Schreib die Sätze fertig.

1. hat viel Erfolg   Leon mag Lionel Messi, _weil er viel Erfolg hat._
2. seine Interviews sind gut Betty liebt Dirk Nowitzki, _____
3. gewinnt fast immer   Marius mag Tiger Woods, _____
4. ist cool   Theresa ist Fan von Shaun White, _____
5. verdient viel Geld   Tom findet den Trainer von Lionel Messi cool, _____

_____

5

5 Beim SV Rasentreter

a Worüber spricht Kolja? Kreuze die vier richtigen Antworten an.

21

☐ Rad fahren ☐ Sport in der Schule ☐ Training ☐ Tore schießen

☐ der Sportlehrer ☐ ein Mädchen spielt mit ☐ der Sportplatz ☐ ein Spiel gewinnen

b Hör noch einmal. Was stimmt nicht? Streich das falsche Wort durch und korrigiere.

1. Paul und ich fahren oft ~~mit dem Bus~~ zum Fußballtraining. *mit dem Rad*

2. Paul war schneller als ich. Aber sein Fahrrad ist neu! _____

3. Der Trainer ist sehr nett und das Training ist langweilig. _____

4. Der Trainer sagt, ich muss mehr turnen. _____

5. Beim letzten Match habe ich kein Tor geschossen. _____

6 Vorlieben und Sport

a Vergleiche. Mach Sätze mit als.

Leon

1. schön finden: Fußball ☺☺ Volleyball ☺ Leon findet Fußball *schöner als Volleyball.*

2. gern mögen: Mario Gomez ☺ Lukas Podolski ☺☺ Leon mag _____

Angie

3. gut finden: Fußball ☺☺ Turnen ☺ Angie findet _____

4. anstrengend finden: Laufen ☺ Skateboard fahren ☺☺ Angie findet _____

b Wo passen die Adjektive? Ordne zu. Manche Adjektive passen mehrmals.

jung • ~~alt~~ • groß • ~~reich~~ • cool • teuer • schnell • langsam • dick • dünn • klein

Person
alt, reich, ...
Katze

Motorrad

Person

Hund

Auto

c Schreib zu jedem Bild drei Vergleiche.

1. Der Mann *ist älter als die Frau.* | 1. Die Frau _____
2. Die Katze _____ | 2. _____
3. _____ | 3. _____

7 Bitte nicht vergessen!

a Ergänze die Nachrichten.

> ~~Entschuldigung~~ • fahren • Fahrrad • zu spät • muss • ~~Spiel~~ • Sportplatz • Trainer
> ~~Training~~ • verpasst • melden

1

Hallo Clemi,
ich kann nicht zum
Training kommen, ich
_____ noch für Mathe
lernen. Treffpunkt morgen
17.00 am _____???
Okay so?
Flo

2

Hi Leute,

Spiel gegen Seefeld:
So, 14.30, Abfahrt 13.00!
Wer kann _____?
Eltern bitte _____!
Eure _____ H & H

3

Hallo Trainer,
Entschuldigung, ich
komme ca. 15 Min. ____
_____. Ich muss
mit dem _____
fahren, habe den Bus
_____. ☹
Bis gleich, Matthi

b Welche Antworten passen zur Nachricht? Notiere.

1.
Habe meine Sporttasche
vergessen. Bitte bringen!
Dringend! _B, ..._

2.
Bus verpasst! Ich warte
mit Jens an der Haltestelle
„Klinik". Nächster Bus
um 9.15! _____

A Dann kommt ihr zu spät zur Schule! Ich
fahre euch mit dem Auto – bis gleich!
B Kein Problem, ich bringe sie dir. Aber
wohin?
C Du musst die Tasche selbst holen, ich bin
im Büro und kann nicht weg.
D So spät?! Vielleicht kann der Papa von Jens
fahren?
E Schon wieder! Wann kommt ihr denn jetzt
an?
F Wo ist die blöde Tasche? Ich finde sie nicht.

8 *pf* und *ts*

a Mein Name ist ... Welchen Namen hörst du? Kreuze an.

22

1. [a] Hoffer   2. [a] Stoffner   3. [a] Klopper   4. [a] Rumper   5. [a] Kippler   6. [a] Hopp
   [b] Hopfer   [b] Stopfner   [b] Klopfer   [b] Rumpfer   [b] Kipfler   [b] Hopf

b Hör die Wörter. Ergänze die Buchstaben *s*, *t* oder *z*.

23

1. Tan_t_e   2. tan___en   3. ___eit   4. ___eit   5. kur___   6. Kur___   7. ___elt   8. ___elten

c Wo spricht man *pf*, wo *ts*? Markiere im Text.

Es klopft in meinem Kopf, ich habe Kopfschmerzen. Oder sind es Zahnschmerzen? Ich muss zum Arzt.
Der Zug kommt. Ich finde einen Platz und lese Zeitung. Zwei Stunden später bin ich am Ziel.

d Hör zur Kontrolle. Lies die Sätze aus 8c halblaut: zuerst langsam, dann immer
schneller.

24

5

9 Rekorde, Rekorde!

a Welche Form passt? Kontrolliere mit der CD.

25

> alt • langsam • am höchsten • am ältesten • ~~am höchsten~~ • älter • hoch • höher • alt • hoch

● Wer springt _am höchsten_ (1)? Javier Sotomayor aus Kuba ist 2,45 m _____ (2)

gesprungen. So _____ (3) hat es noch kein anderer Sportler geschafft. Manche

Tiere springen _____ (4), bis zu 5 Meter. Aber am besten ist der Delfin, er springt

_____ (5) von allen.

○ Und was ist mit der Schildkröte? Schildkröten sind doch so langsam.

● Das stimmt, sie sind _____ (6). Aber sie werden _____ (7), sehr, sehr

_____ (8). Die Schildkröte Harriet ist _____ (9) geworden: 175 Jahre!

Sie ist 53 Jahre _____ (10) geworden als die älteste Frau. Nicht schlecht!

b Haustiere und ihre Rekorde: Schreib Sätze.

die Maus – ist klein	Die Maus ist am kleinsten.
der Hund – bellt laut	
die Katze – geht leise	
die Schildkröte – wird alt	
der Vogel – singt schön	
der Papagei – spricht gut	

10 Wer kann das am besten?

a Welche Sätze stimmen? Kreuze an.

> Jannik – 6 Jahre, Max – 6 Jahre, Nadja – 14 Jahre, Paul – 15 Jahre

1. A Jannik ist so alt wie Max.   B Jannik ist älter als Max.
2. A Nadja ist so alt wie Max und Jannik.   B Nadja ist älter als Max und Jannik.
3. A Paul ist älter als Nadja.   B Paul ist am ältesten.

b Vergleiche und ergänze die Sätze.

Tom schläft 9 Stunden lang.

Max – auch 9 Stunden	Max schläft _so lange wie_ Tom.
Ali – 10 Stunden	Ali schläft _____ Tom und Max.
Mitja – 12 Stunden	Mitja schläft am _____.

Lisa ist 1,70 m groß.

Eva – auch 1,70 m	Eva ist _____ Lisa.
Mara – 1,74 m	Mara ist _____ Lisa und Eva.
Nadine – 1,80 m	Nadine ist am _____.

Wörter – Wörter – Wörter

11 Sport-Wörter
Ordne die Wörter in die Tabelle.

> der Sportplatz • der Sportler • die Sporthalle • Sportschuhe (Pl.) • der Sportarzt
> die Sporthose • die Sporttasche • der Sportfan • ~~die Sportlehrerin~~ • Sportsachen (Pl.)

Personen beim Sport	Das braucht man für den Sport	Dort kann man Sport machen
die Sportlehrerin, ...		

12 Sportler und Fans

a Welches Adjektiv passt? Wie heißt das Lösungswort? Nicht alle Adjektive passen.

> arrogant • beliebt • berühmt • cool • fair • fröhlich • peinlich • stark • witzig

Viele Sportfans mögen die Sportlerin und finden sie nett. Sie ist … _____■

Eine Person hat meistens gute Laune, sie ist … _■_____

Er glaubt, er ist ein großer Star und er ist der Beste. Er ist … _____■_

Man muss oft lachen, wenn man mit der Person spricht. Sie ist … _____■_

Sportfans mögen einen Sportler nicht, sie finden ihn … _____■__

Sehr, sehr viele Leute kennen die Person. Sie ist … _■_____

Er gewinnt gern, aber kann auch verlieren, wenn andere besser sind: Er ist … ____■

Das Lösungswort heißt: _____

b Welche Wörter sind verwandt? Notiere Paare.

> ~~lieben~~ • ~~spielen~~ • das Training • der Sport • der Trainer • treffen • der Witz
> ~~beliebt~~ • sportlich • der Treffpunkt • witzig • das Spiel

1. beliebt – lieben
2. _____
3. spielen – _____
4. _____
5. _____
6. _____

c Ein Wort passt nicht. Streich durch.

1. der Fußball – der Tennisball – der Volleyball – ~~der Fußballfan~~
2. das Schwimmbad – das Snowboard – das Skateboard – das Fahrrad
3. das Fußballspiel – der Tennisball – ein Tor schießen – der Fußballer
4. Erfolg haben – gewinnen – besser sein – verlieren
5. schwimmen – laufen – Bus fahren – Rad fahren

13 Meine Wörter
Welche Wörter, Ausdrücke oder Sätze sind für dich wichtig? Schreib auf.

_____

6 Kleidung und Farben

1 Wie gefällt dir das?

a Wie heißen die Kleidungsstücke? Schreib die Wörter mit Artikel. Das Bild im Kursbuch S. 44 hilft.

_____

_____

_____

_____

_____

_____

_____

_____

b Wo ist was? Schreib fünf Sätze.

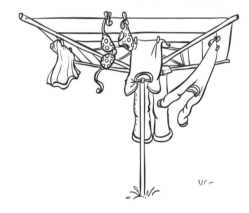

> ~~hinten~~ • vorne • rechts • links • in der Mitte

1. _Hinten ist eine Hose._
2. _____
3. _____
4. _____
5. _____

c Finde elf Farben. Markiere die Wörter in der passenden Farbe.

```
G R Ö S C H W A R Z T S E N G Ä U T I L E T B
R O S A G H K M A R S Q U G R Ü N E S N A T R
A R C H R R W A L O C I G E L B O D S L I L A
T A B L A U E S V T H W E I S S M I G K A U U
I U E T U T O R A N G E X P T U M E R Y C K N
```

d Sieh noch einmal das Bild auf S. 44 im Kursbuch an. Wo siehst du was? Schreib für jede Farbe einen Satz in dein Heft.

1. Rechts sehe ich ein T-Shirt. Es ist rosa.

2 Was sagen die Mädchen?

a Hör den Dialog und ergänze die Verben.

26

~~sieht~~ • gibt • finde • passt • stimmt

● Und, wie _sieht_ es aus? ○ Die Hose sitzt super, aber die Farbe _____ ich nicht so toll.

● Echt? Vielleicht _____ es die auch noch in Braun. ○ Ich kann ja mal schauen. Aber die Größe

_____, oder? ● Ja, sie _____ perfekt und ist bequem.

b Was passt zusammen? Verbinde die Sätze.

1. Soll ich das Sweatshirt mal anprobieren?
2. Wie findest du das Kleid?
3. Ein Anzug?! Das ist nichts für mich!
4. Wie sieht die Jacke aus: Stimmt die Größe?
5. Passt mir das Hemd?

A Warum? Probier ihn doch einfach mal an.
B Ja, es sitzt super!
C Ganz hübsch, aber der Rock gefällt mir besser.
D Ja, es steht dir bestimmt gut.
E Ja – sie passt perfekt!

c Schreib eine passende Antwort.

1 Was gefällt dir besser – die Hose oder der Rock?

2 Wie findest du das Hemd?

3 Wie sieht die Jacke aus?

4 Stehen mir die Schuhe?

3 Wem gehört das?
Ergänze die Endungen.

1. das weiß_e_ Shirt
2. das rosa___ Kleid
3. die gelb___ Strümpfe
4. der rot___ Rock
5. der schwarz___ Mantel
6. die grün___ Bluse

4 Kleidung und Farben

Was gehört wem? Schreib Sätze in dein Heft.

Betty – weiß – Schuhe
Laurin – gelb – Shirt
Angie – grün – Badeanzug
Oma – grau – Jacke

Die weißen Schuhe gehören Betty.
Laurin gehört ...

5 Shoppen

a Schreib die Zahlen in Ziffern

1. dreiundsechzig Euro zwanzig _63,20_

4. vierundzwanzig Euro neunzig _____

2. achtundsiebzig Euro _____

5. vierunddreißig Euro fünfzig _____

3. neunzehn Euro neununddreißig _____

6. acht Euro dreiundzwanzig _____

b Alles im Akkusativ! Ergänze die Artikel und die Endungen der Adjektive.

1. Angie findet d_en_ grün_en_ Bikini für den Urlaub toll.

2. Johannes findet d____ weiß____ Hemd für das Schulfest passend.

3. Laurin findet d____ grau____ Hose für das Familienfest schön.

4. Eva findet d____ lila____ Kleid für die Party uncool.

5. Kilian findet d____ braun____ Hut für das Sportfest gut.

6. Markus findet d____ schwarz____ Anzug für das Familienfest doof.

7. Betty findet d____ schwarz____ Jeansjacke für die Party super.

8. Leon findet d____ blau____ Pullover für das Sportfest passend.

c Lies das Gespräch und wähle die richtige Form: A, B oder C.

1.	2.	3.	4.	5.	6.
A rot	A rot	A blau	A grün	A grau	A grau
B rote	B rote	B blaue	B grüne	B graue	B graue
C roten	C roten	C blauen	C grünen	C grauen	C grauen

● Schau mal dort, der (1) _rote_ Rock ist doch super für die Party!

○ Ja, den (2)_____ Rock finde ich auch super. Und für dich ist der (3) _____ Pullover super.

● Was? Nein, der steht mir nicht. Den (4)_____ Pullover mag ich viel lieber.

○ Aber grün ist nicht so cool. Nimm lieber den (5)_____ Anzug, der ist super!

● Der (6)_____ Anzug ist doch nicht super! Jetzt kauf lieber den Rock und dann gehen wir.

6 Was tragt ihr wann?
Mal die Kleidungsstücke in verschiedenen Farben an. Beschreib dann beide Bilder.

Für das Schulfest trägt der Junge das ...

_____   _____

_____   _____

_____   _____

7 **Zusammen im Geschäft**

a **Du hörst drei Dialoge. Was kaufen die Jugendlichen?**

27

1. _____ 2. _____ 3. _____

b **Ergänze die Wörter aus dem Kasten.**

> finde • anprobieren • steht • nehme • passt • sehe • gibt • suchen • sind • tut

Lena:	Also die schwarze Hose _finde_ ich echt super.
Laura:	Ja, sie _____ (1) dir bestimmt. Probier sie doch mal an.
Lena:	Wo _____ (2) die Umkleidekabinen?
Laura:	Hier! Die ist frei, hier kannst du die Sachen _____ (3).
Lena:	Und? Wie _____ (4) ich aus?
Laura:	Die Farben sind super, aber die Hose _____ (5) dir nicht richtig.
Lena:	Vielleicht _____ (6) es sie noch eine Nummer größer?
Laura:	Entschuldigung, können Sie uns helfen? Wir _____ (7) diese Hose in Größe 176.
Verkäuferin:	Nein, _____ (8) mir leid. Die Hose gibt es nur noch in dieser Größe.
Lena:	Dann _____ (9) ich nur den Pulli.

8 **Ist das fair?**

a **Lies den Text und beantworte die Fragen.**

Deutsche Jugendliche und ihr Taschengeld

Viele deutsche Jugendliche bekommen einmal in der Woche oder einmal im Monat Taschengeld. Außerdem schenken Verwandte auch an Weihnachten und zum Geburtstag Geld, insgesamt bis zu 200 Euro im Jahr.

Aber was machen die Jugendlichen mit dem Geld? Sie kaufen Süßigkeiten, Zeitschriften und Comics, Eis und Getränke. Und viele Jugendliche (ca. 80%) sparen etwas Geld, zum Beispiel für teure Dinge wie Handy, Kleidung und Computerspiele.

1. Wann bekommen Jugendliche Taschengeld? _____

2. Wer schenkt ihnen manchmal Geld? _____

3. Was kaufen die Jugendlichen? Schreib drei Sachen: _____

4. Wie viele Jugendliche sparen Geld? _____

5. Wofür sparen sie? _____

b **Bekommst du Taschengeld? Von wem? Was machst du damit? Schreib einen kurzen Text in dein Heft.**

9 *au* und *eu*

a Hör zu und ergänze *au* oder *eu/äu*.

28 Fr___en   Url___b   t___er   B___me   P___se   H___ser   M___s

b Welches Wort hörst du? Kreuze an.

29 1. [A] Frauen   2. [A] kaufen   3. [A] Räume   4. [A] lauf   5. [A] verkaufen
    [B] freuen   [B] Käufer   [B] Raum   [B] läuft   [B] Verkäufer

10 Wer ist am schönsten im ganzen Land?
Lies die Aussagen und ergänze einen passenden Satz.

1. Kleidung für Hunde – ☺ _____

2. Schule für Hunde – ☺ _____

3. Schokolade für Katzen – ☹ _____

4. Sonnenbrille für Pferde – ☺ _____

5. Filme mit Tieren – ☺ _____

6. Filme für Tiere – ☹ _____

> Das ist spannend.
> So etwas finde ich blöd.
> Ich finde das interessant.
> Na ja.
> Das ist lustig.
> Das ist langweilig.

11 Ende gut, alles gut?

a Verbinde die Wörter mit dem Bild. Nicht alle Wörter passen.

der Preis   die Uhrzeit   die kurze Hose   der schmutzige Hund

der Anzug

die Bushaltestelle   die Regenjacke

die Umkleidekabine

die Pfütze   das Sweatshirt mit der Nummer neun

das Plakat für die Hundeshow   die Strumpfhose

das Handy   der Regenschirm   die Brille

b Was siehst du auf dem Bild, was siehst du nicht? Schreib Sätze. Der Kasten hilft.

> Rechts sehe ich … • Ich sehe in der Mitte … • Links sehe ich … • Ich sehe keine(n) …
> Hinten sehe ich … • Ich sehe vorne …

Ich sehe in der Mitte eine Pfütze und rechts … _____

_____

Ich sehe keinen Anzug. _____

_____

Wörter – Wörter – Wörter

12 Kleidung

a Welches Kleidungsstück passt nicht? Streich durch.

1. der Badeanzug – der Sonnenhut – die Strumpfhose – die Badehose
2. die Mütze – die Handschuhe – der Mantel – der Bikini – der Pullover

b Was gehört zusammen? Bilde Wörter und notiere den Artikel.

| -cke | -eid | -emd | -over | -se | -uh | -umpf | -zug |

1. _der_ An _zug_
2. ____ Blu____
3. ____ H____
4. ____ Kl____

5. ____ Ja____
6. ____ Pull____
7. ____ Sch____
8. ____ Str____

13 Farben
Welche Farbe hat das? Verbinde die Wörter. Welche Farben passen nicht?

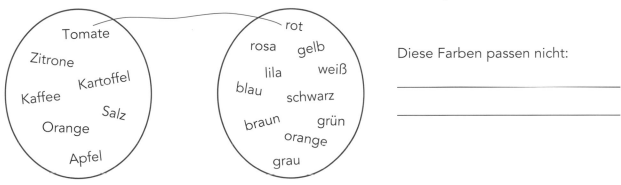

Tomate
Zitrone
Kartoffel
Kaffee
Salz
Orange
Apfel

rot
rosa   gelb
lila   weiß
blau   schwarz
braun   grün
orange
grau

Diese Farben passen nicht:

_____

_____

14 Im Geschäft
Was gibt es in einem Geschäft? Finde die Wörter.

BLIUMKLEIDEKABINEREIPREISELAVERKÄUFERINLOLKLEIDUNGÜTAKASSEPF

15 Buchstabensalat
Wie heißen die Wörter?

1. schbüh _hübsch_
2. llot _____
3. gitlus _____
4. lage _____

5. donerm _____
6. weiliglang _____
7. spuer _____
8. terissanten _____

16 Meine Wörter
Welche Wörter, Ausdrücke oder Sätze sind für dich wichtig? Schreib auf.

_____

Freundschaften

1 Der Angeber
Die Sätze von Mark, Paul und Pia. Schreib das richtige Wort in die Lücke.

egal • traurig • Angst • ~~gewinne~~ • verlierst • schaffst • blöd • Marc • Angeber

Marc: Ich ___gewinne___ morgen beim Sportfest.

Und du _____ morgen den Lauf.

Das ist doch nicht _____. Das ist toll.

Paul: Das ist mir doch _____!

Marc ist ein doofer _____.

Quatsch, ich habe doch keine _____!

Pia: Du _____ das schon!

Sei nicht _____!

Wenn _____ gewinnt, ist er immer noch doof.

2 Du schaffst das schon!
Ordne zu. Zu jedem Bild passen mehrere Sätze.

Sei nicht traurig! • Du hast keine Chance! • Das interessiert mich nicht! • Du schaffst das schon! • Das ist mir doch egal! • ~~Ich gewinne.~~

Ich gewinne.

3 Auf dem Sportfest
Richtig oder falsch? Sieh die Geschichte im Kursbuch noch einmal an und kreuze an.

	richtig	falsch
1. Marc und Paul laufen auf dem Sportfest.	X	
2. Am Anfang ist Marc schneller als Paul.		
3. Marc läuft am schnellsten und gewinnt den Lauf.		
4. Marc ist bei seinen Fans sehr beliebt.		
5. Marc hat sich verletzt. Deshalb verliert er den Lauf.		
6. Pia hilft Marc nach dem Unfall.		

4 Typen

a Schreib die Adjektive richtig.

1. belsisen _sensibel_
2. ttne _____
3. aagnorrt _____
4. raif _____
5. schhüb _____
6. tischmisopti _____
7. nellsch _____

8. liebbet _____
9. üchternsch _____
10. pessitischmis _____
11. rgßo _____
12. lichckschre _____
13. arstk _____
14. spoichrtl _____

b Schreib den Artikel und ergänze die richtige Adjektivendung.

1. _der_ Typ — Er ist ein arrogant _er_ Typ.
2. _____ Freunde (!) — Das sind nett_____ Freunde.
3. _____ Freundin — Sie ist eine gut_____ Freundin.
4. _____ Angeber — Er ist ein schrecklich_____ Angeber.
5. _____ Computerspiel — Das ist ein beliebt_____ Computerspiel.
6. _____ Jungen (!) — Das sind keine sportlich_____ Jungen.
7. _____ Konzert — Das ist kein groß_____ Konzert.

c Die Leute magst du! Wähle passende Adjektive aus dem Kasten.

1. Sie ist eine _coole_ Freundin.
2. Ihr seid sehr _____ Nachbarn.
3. Du bist ein _____ Typ.
4. Das sind _____ Leute.
5. Du bist keine _____ Schwester.
6. Er ist kein _____ Bruder.

beliebt, arrogant, schrecklich, nett, schnell, blöd, cool, hübsch, fair, egoistisch, schmutzig, pessimistisch, witzig, toll, langweilig, lustig

d Die Leute magst du nicht! Wähle passende Adjektive aus dem Kasten.

1. Sie ist ein _____ Mädchen.
2. Das ist keine _____ Klasse.
3. Das ist ein _____ Hund.
4. Sie sind _____ Schüler.
5. Er ist ein _____ Angeber.
6. Das ist ein _____ Kind.

5 Wer ist hier der Idiot?!
Ergänze das richtige Fragewort.

> wie • was • woher • wann • wen • warum

1. ● _____ bist du gestern nach Hause gegangen?   ○ Um 18 Uhr.
2. ● _____ kommt der Zug?   ○ Er kommt aus Bremen.
3. ● _____ spät ist es jetzt?   ○ Halb sieben.
4. ● _____ kommst du zu spät?   ○ Ich hatte einen Unfall mit dem Fahrrad.
5. ● _____ ist passiert?   ○ Nichts!
6. ● _____ hast du gesehen?   ○ Ich habe den Täter gesehen.

6 Florians Freunde: Wer war's?

a Polizisten-Fragen: Schreib Fragen zu den unterstrichenen Wörtern. Nicht immer brauchst du die Vergangenheit.

1. Ich habe <u>einen Unfall</u> gesehen.   *Was hast du gesehen* _____ ?
2. <u>Um 19.30 Uhr</u> ist das passiert.   _____ ?
3. Ich war <u>auf der Straße vor dem Kino</u>.   _____ ?
4. Ich wollte gerade <u>ins Kino</u> gehen.   _____ ?
5. Das Auto ist <u>von rechts</u> gekommen.   _____ ?
6. <u>Ein Mann</u> ist verletzt.   _____ ?
7. Der Schuh gehört <u>dem Mann</u>.   _____ ?
8. Ich heiße <u>Moritz Hager</u>.   _____ ?

b Welches Bild passt zu 6a?

1

2

c Was ist auf dem anderen Bild passiert? Schreib drei Polizisten-Fragen zu dem Bild in dein Heft und beantworte sie.

7 Florians Plan

a Schreib die Uhrzeit.

1. 05:30 Uhr *Es ist halb sechs.*
2. 19:15 Uhr *Es ist Viertel nach ...*
3. 16:45 Uhr _____
4. 14:20 Uhr _____
5. 19:00 Uhr _____
6. 12:50 Uhr _____

b Hör die Uhrzeiten und zeichne sie in die Uhren.

30

1. 2. 3. 4. 5.

c Gleich geht es los! Lies die Pläne und schreib Sätze: Was passiert wann?

1. **Marias Plan: 18:30 Uhr**

   18:45 Uhr Abendessen

   19:00 Uhr Hausaufgaben machen

   19:30 Uhr Vokabeln lernen

   Jetzt ist es halb sieben.
   In einer Viertelstunde gibt es Abendessen.
   In einer

2. **Fabios Plan: 6:45 Uhr**

   7:00 frühstücken

   7:15 Mario abholen

   7:45 Mathetest schreiben

   Jetzt

8 Ich- und Ach-Laut

a Hör die Sätze und sprich sie nach.

31

1. Welche Milch möchte ich?
2. Macht euch doch Licht in der Nacht.
3. Den Kuchen musst du im Bauch suchen.
4. In welcher Woche lachst du nicht?

b Kennst du noch andere Wörter mit *ch*? Schreib auf.

ch wie in *ich*: _____

ch wie in *ach*: _____

9 Ein Entschuldigungsbrief
Wie stehen die Sätze im Entschuldigungsbrief? Lies noch einmal im Kursbuch S. 54 Aufgabe 9a. Schreib die passenden Sätze auf.

1. Da hatte ich keine gute Idee. *Da hatte ich eine blöde Idee.*
2. Ich habe mich über dich geärgert. _____
3. ..., weil du nur Zeit für Miriam hast. _____
4. Ich bringe es wieder in Ordnung. _____

10 Eine superblöde Idee

a Markiere die Nomen im Kasten: der = blau, die = rot, das = grün. Sortiere die Sätze dann in die Tabelle.

> Das ist eine dumme Idee. • Er ist ein echter Freund. • Ich habe eine gute Idee.
> ~~Er macht einen dummen Fehler.~~ • Sie ist ein nettes Mädchen. • Sie spielen ein
> blödes Computerspiel

	Sätze mit *sein*	Sätze mit *haben, machen, ...*
der	*Er ist ...*	*Er macht einen dummen Fehler.*
die		
das		

b Wie heißt es richtig? Nominativ oder Akkusativ: Kreuze an.

	Nom.	Akk.
1. Ich bin	☐ ein guter Freund.	☐ einen guten Freund.
2. Ich habe	☐ ein guter Freund.	☐ einen guten Freund.
3. Ich bin	☐ ein echter Freund.	☐ einen echten Freund.
4. Ich finde	☐ ein echter Freund.	☐ einen echten Freund.
5. Das ist	☐ ein dummer Fehler.	☐ einen dummen Fehler.
6. Ich mache	☐ ein dummer Fehler.	☐ einen dummen Fehler.

c Ergänze die Endungen.

> Montag, 23. Juni
>
> Florian ist ein sehr gut_____ (1) Freund von mir. Aber plötzlich hatte er keine Zeit mehr für
> mich. Miriam, ein blond_____ (2) Mädchen aus unserer Klasse, und Florian haben jeden Tag zu-
> sammen ein blöd_____ (3) Computerspiel gespielt. Ich war sauer und habe einen dumm_____ (4)
> Fehler gemacht. Ich wollte Florian ärgern und habe „Idiot" an die Garage geschrieben.
> Dann hatte er ein groß_____ (5) Problem mit seinen Nachbarn: Ich hatte auf eine falsch_____ (6)
> Garage geschrieben! Dann hatte ich eine neu_____ (7) Idee. Ich habe an die Garage
> geschrieben: „Florian ist ein gut_____ (8) Freund." Zum Glück hat Florian mir verziehen. ☺

11 Was ist Freundschaft?

Hör die Texte. Was ist den Jugendlichen bei ihren Freunden wichtig? Ordne zu.

32

1. _____ A Mit einem Freund verbringt man viel Zeit.

2. _____ B Wir können über das Gleiche lachen.

3. _____ C Mein Freund hört die gleiche Musik wie ich.

4. _____ D Wir bleiben beste Freunde, auch wenn wir uns nicht oft sehen.

5. _____ E Man kann über alles sprechen.

Wörter – Wörter – Wörter

12 Viel Gefühl

Kombiniere die Satzteile. Neun Sätze sind möglich. Schreib sie in dein Heft.

Sei nicht traurig!

13 Wie ist das?

a Finde für jeden Wortigel mindestens fünf Adjektive.

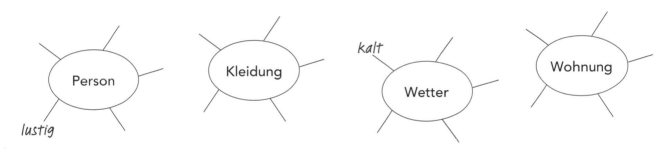

arrogant · dick · gesund · langweilig · heiß · klein · modern · schlecht · schmutzig · toll
berühmt · dunkel · hübsch · ~~kalt~~ · ~~lustig~~ · neu · romantisch · schön · gut · teuer · warm

Person — lustig

Kleidung

Wetter — kalt

Wohnung

b Schreib zu jedem Wortigel einen Satz mit Adjektiv in dein Heft.

Mein Lehrer ist eine lustige Person. Er mag kaltes Wetter. Er trägt gern ...

14 Tätigkeiten

Was passt zusammen? Schreib viele Verbindungen in dein Heft.

beim Test · Probleme · Angst · einen Fehler · verletzt · Paul · zu mir · den Lauf

gewinnen · abschreiben · haben · trösten · sein · machen · kommen · verzeihen

beim Test abschreiben, ...

15 Meine Wörter
Welche Wörter, Ausdrücke oder Sätze sind für dich wichtig? Schreib auf.

8

Familienfeste

1 Ein Fest planen

a Die Familie und die Verwandten. Ergänze.

> die Tante • die Großmutter • der Cousin • die Mutter • ~~der Großvater~~ • die Schwester

Die Großeltern: _der Großvater_ (Opa) + _____ (Oma)

Die Eltern: ___der Vater___ (Papa) + _____ (Mama)

Die Geschwister: ___der Bruder___ + _____

Die Verwandten: ___der Onkel___ + _____

_____ + ___die Cousine___

die Großeltern

b Was passt zusammen? Verbinde.

1. _B_ Welches Datum haben wir heute?   A Ja, am besten am Samstag.

2. ____ Was für ein Wochentag ist der fünfte Mai?   B Heute ist der 11. April.

3. ____ Wir machen das Fest am Wochenende.   C Drei Wochen, dann hat Opa Geburtstag.

4. ____ Wie lange haben wir noch Zeit?   D Das ist ein Dienstag.

2 Ein wichtiges Datum

a Was ist richtig? Kreuze an.

1. Heute ist der [A] siebte [B] siebten Mai.

2. Der [A] neunten [B] neunte April ist ein Montag.

3. Herbert hat am [A] neunundzwanzigsten [B] neunundzwanzigste Februar Geburtstag.

4. Die Ferien beginnen am [A] elfte [B] elften Juli.

5. Die Party ist am [A] sechste [B] sechsten Juni.

6. Morgen ist der [A] zweiundzwanzigste [B] zweiundzwanzigsten Oktober.

b Schreib die Zahlen. Achtung: Ist nach der Zahl ein Punkt?

1. Heute ist der (3.) _dritte_ April.   2. In (4) _____ Tagen hat Simon Geburtstag.

3. Aber der (7.) _____ April ist ein Donnerstag.   4. Am Freitag, am (8.) _____

April, hat Simon eine Prüfung. 5. Simon und seine (5) _____ Freunde gehen am

(10.) _____ April zu einem Fußballspiel.

c Welche Daten sind für dich wichtig? Schreib auf. Der Kasten hilft.

> Geburtstag haben • Lieblingsfeiertag sein • die Ferien beginnen • eine Party machen • ein Familienfest feiern • …

> Ich habe am dreißigsten Juli Geburtstag. Mein Lieblingsfeiertag ist der vierundzwanzigste Dezember.

3 Einladung

Schreib die Einladung mit den richtigen Wörtern in dein Heft. Nicht alle passen.

> spät • um • ~~Lieber~~ • bitte • feiern • Juli • Sportfest • mitnehmen • Party • reservieren • oder

Lieber Flo!
Der 17. ⭐ kommt bald. Da ⭐ wir 5113 Tage Patrizia und Philippa. Es gibt eine ⭐ am See. Treffpunkt beim Grillplatz, ⭐ 16.00 Uhr. Ende: So ⭐ wie möglich! Bitte Schwimmsachen ⭐. Kommst du? Dann ruf ⭐ an.
Patti und Pippa.

4 Danke für die Einladung

a Party bei Pippa und Patti. Hör die beiden Telefongespräche. Was ist richtig, A oder B?

33

1. Pippa feiert A den ersten Ferientag. B ihren Geburtstag.
2. Flo ist eine Woche in Bayern, A weil er dort Freunde besucht. B weil seine Familie Urlaub macht.
3. Patti und Pippa feiern die Party A , wenn Flo wieder da ist. B ohne ihren Freund Flo.
4. Patti sagt, A dass ihr Cousin coole Freunde hat. B dass sie Natalies Cousin cool findet.

b Du hast auch eine Einladung bekommen. Schreib eine Antwort an Patti und Pippa in dein Heft. Bedanke dich und sag zu oder ab. Aufgabe 4a im Kursbuch hilft.

Liebe Patti und liebe Pippa,
_..._

5 Party, Party!

a Eine Party planen. Was passt: dem/der/den? Ergänze die Lücken.

1. Pippa und Patti machen in _den_ Ferien eine Party.   2. Sie feiern mit _____ Freunden Geburtstag.   3. Sie kaufen vor _____ Party ein.   4. Sie fahren mit _____ Fahrrad zum Grillplatz.
5. Nach _____ Geburtstagskuchen sind alle satt.   6. Nach _____ Fest müssen sie aufräumen.

b Es geht auch kürzer! Schreib die Kurzform von Präposition und Artikel.

1. Ich gratuliere dir (zu + dem) _zum_ Geburtstag.   2. Ich fahre mit dem Rad (zu + der) _____ Party.   3. Wie feiern (an + dem) _____ zehnten Mai.   4. Wir feiern (an + dem) _____ See.   5. Ein Freund macht (bei + dem) _____ Fest Musik.

c Schreib Sätze ins Heft. Achte auf das Artikelwort im Dativ.

1. du / zu / das Fest / kommen / ?
2. es / gleich nach / die Schule / anfangen / .
3. das Fest / an / der See / sein / .
4. du / mit / das Rad / fahren / können / .
5. Silke / mit / der Bus / fahren / .
6. wir / in / der See / schwimmen / können / .

1. Kommst du zu dem Fest?

6 Vor dem Fest

a Erinnerst du dich an das Gespräch von Nadja und Jannik? Welches Wort passt?

komisch • langweilig • lecker • ~~nervig~~ • nervös • peinlich

1. Jannik findet seine Cousins super, Nadja findet sie aber _nervig_.
2. Onkel Klaus erzählt immer die gleichen Geschichten, das ist so _____.
3. Jannik glaubt, dass das Essen auf dem Fest bestimmt _____ ist.
4. Nadja sagt, dass ihr das Essen nicht schmeckt, es ist _____.
5. Mama hat Stress, sie ist _____ und schimpft.
6. Nadja mag nichts singen oder spielen, sie findet das _____.

b Ordne die Sätze zu.

~~„Wann ist es endlich vorbei?!"~~ • „Vielen Dank für das tolle Spiel!" • „Mensch, das ist total schön!" • „Wie nervig!" • „Ach, du bist so blöd!" • „Können wir bald gehen?" • „Danke für das schöne Geschenk!" • „Ich bin ja so froh!"

sich ärgern
_____
_____
_____

sich freuen
_____
_____
_____

sich bedanken
_____
_____
_____

sich langweilen
„Wann ist es endlich vorbei?!"
_____
_____

7 Der große Tag
Was ist falsch? Streich die falschen Verben durch und korrigiere.

1. Jannik, du gehst ins Bad und ~~kämmst~~ dich.   _wäschst_
2. Nadja, du musst dich noch anziehen.   _____
3. Jannik schminkt sich noch.   _____
4. Nadja geht ins Bad und will sich langweilen.   _____
5. Mama, du musst dich schön waschen.   _____

8 Partnerspiel

a Chaos im Bad. Lies die Erzählung von Nadja und ergänze die Tabelle.

„Am Morgen ist bei uns immer Chaos im Bad. Zuerst wäscht sich Papa – er muss ganz früh zur Arbeit. Danach kommt Jannik, er wäscht sich seeeehr lang. Ich ärgere mich jeden Morgen, aber Mama auch! Sie schimpft und sagt: „Jetzt aber raus aus dem Bad, zieh dich endlich an! Wir müssen uns auch waschen. Warum wascht ihr euch immer so lange!!!". Dann bin ich endlich dran! Ich schminke mich auch, wenn ich Zeit habe. Mama will immer schnell fertig sein. Manchmal schafft sie es vor mir ins Bad ☺. Wir freuen uns, wenn wir pünktlich aus dem Haus gehen."

ich	wasche	mich
du	wäschst	
er/es/sie	wäscht	
wir	waschen	
ihr	wascht	
sie/Sie	waschen	

b Ergänze die reflexiven Verben in der passenden Form.

1. Jannik und sein Vater _____ morgens sehr lang. (sich waschen)   2. Nadja _____, wenn sie warten muss. (sich ärgern)   3. Mama sagt zu Jannik: „_____ endlich ____!" (sich anziehen)   4. Ich _____ in meinem Zimmer ____. (sich anziehen)   5. Papa sagt zu Mama: „Du _____ immer so lang!" (sich schminken)   6. Wir _____, wenn wir pünktlich aus dem Haus gehen können. (sich freuen)

9 Was haben die drei gemacht?

a Was hat Nadjas Mutter gemacht? Schreib fünf Sätze in dein Heft.

sich kämmen • sich schminken • sich waschen
sich anziehen • sich freuen

Nadjas Mutter hat sich gewaschen. ...

b Alles schon gemacht! Antworte im Perfekt.

1. Kämm dich! *Ich habe mich schon gekämmt.*   3. Wascht euch! _____

2. Föhn dich! _____   4. Zieht euch an! _____

10 Alles Gute, Oma!
Was sagt man wann? Ordne zu.

1. Jemand hat Geburtstag. _____

2. Jemand ist krank. _____

3. Es ist der 1. Januar. _____

4. Jemand hat eine Prüfung geschafft. _____

Frohes neues Jahr!
Alles Gute!
Gute Besserung!
Ich gratuliere!

11 Schwaches *e* und schwaches *a*

a schwaches *e*: Hör zu und sprich nach.
34

Verwandte   Tante   Cousine   Söhne   Leute

b schwaches *a*: Hör zu und sprich nach.
35

Vater   Mutter   Schwester   Bruder   Geschwister   Tochter   Kinder

12 Lecker? Lecker!

 a Restaurant, Café oder Imbissbude? Wo isst und trinkt man was? Schreib Sätze ins Heft.

> Apfelkuchen • Pizza • Bratwurst mit Pommes • Braten mit Kartoffeln • Fisch mit Gemüse • Eis • Kaffee • Hamburger • Hähnchen mit Reis • Kakao

Pizza gibt es in der Imbissbude.

b Was passt nicht? Streich durch.

1. Kakao – Tee – ~~Salz~~ – Milch – Kaffee
2. Butter – Eis – Wurst – Käse – Marmelade
3. Kuchen – Torte – Schokolade – Braten – Eis
4. Hamburger – Hähnchen – Nudeln – Limonade – Würstchen

c Wir haben eingekauft. Was ist in den Taschen? Schreib mit Artikel.

> Eier • Fleisch • Käse • ~~Mehl~~ • Salat • Salz • Butter • Gemüse • Tomatensoße • Wurst • Zucker • Kartoffeln • Schokolade • Mehl

1

2

3

das Mehl, _____

_____   _____   _____

_____   _____   _____

13 Mal so, mal so!

 Was essen und trinken Susanne und Peter? Schreib in dein Heft.

	morgens	vormittags	mittags	zwischen-durch	abends	nachts
Susanne, 15 Jahre						–
Peter, 16 Jahre		–				

Peter isst morgens ein Brötchen mit Butter und Marmelade. Dazu trinkt er Milch.

Wörter – Wörter – Wörter

14 Die lieben Verwandten
Wie viele Verwandte findest du? Schreib sie mit Artikel und Pluralform auf.

KLA**MUTTER**ROMASTÜBRUDERHREZCOUSINELTANTEYSCHWESTERGELOPATVATER

die Mutter, die Mütter _____

_____

15 Wichtige Daten
Wann ist das? Schreib die Zahlen und die Monatsnamen. Der Kasten hilft dir.

31.12.
03.10.
~~24.12.~~
01.05.
01.01.

In Deutschland gibt es viele Feiertage. Für die meisten ist der wichtigste Feiertag

Weihnachten, das ist am *vierundzwanzigsten Dezember*. Kurz danach kommen schon

Silvester und Neujahr, am _____ _____ und am

_____ _____. Karneval und Ostern sind jedes Jahr an

anderen Tagen, aber den „Tag der deutschen Einheit" feiert man in Deutschland immer

am _____ _____. Ein internationaler Feiertag ist der „Tag

der Arbeit" am _____ _____.

16 Reflexive Verben

a Wie heißen die Verben? Schreib unter die Bilder.

sich freuen				

b Schreib mit jedem Verb einen Satz in dein Heft.

Wir freuen uns, wenn Oma Braten mit Kartoffeln kocht.

17 Lebensmittel-Rätsel
Was passt zusammen? Schreib die Wörter richtig in die Tabelle.

~~Toma~~ • nade • Ge • Bra • fee • Co • Ba • chen • Kar • Limo • ten •
Ka • la • ~~te~~ • Sa • Kaf • lat • toffel • kao • Hähn • müse • nane

Getränke	Essen
	die Tomate, ...

18 Meine Wörter
Welche Wörter, Ausdrücke oder Sätze sind für dich wichtig? Schreib auf.

_____

Hören

Du hörst **zwei** Mitteilungen für Jugendliche im Radio.
Zu jeder Mitteilung gibt es Aufgaben. Kreuze an: a, b oder c.
Du hörst jede Mitteilung **zweimal**.

Beispiel

0 Diese Sendung ist für
- a Schülerinnen und Schüler.
- ☒ Jugendliche.
- c Eltern.

Lies die Aufgaben 1, 2 und 3.

1 Wo ist das Sportfest?
- a Im Stadtzentrum.
- b Im Schillergymnasium.
- c Im Sportzentrum.

2 Was findet am Samstagabend statt?
- a Ein Flohmarkt.
- b Ein Kinoabend.
- c Eine Fahrradtour.

3 Was kann man gewinnen?
- a Ein T-Shirt.
- b Karten für Fußballspiele.
- c Einen Besuch beim Radio.

Jetzt hörst du die **erste** Mitteilung.

Du hörst jetzt diese Mitteilung **noch einmal**. Markiere **dann** die Lösung zu Aufgabe 1, 2 und 3.

Lies die Aufgaben 4, 5 und 6.

4 Was für ein Haustier muss man haben?
- a Das ist egal.
- b Fische, Vögel oder Pferde.
- c Hund, Katze oder Hase.

5 Wenn man teilnehmen möchte, muss man
- a Tierfutter kaufen.
- b Fotos und eine Geschichte schicken.
- c Eine Webseite mit Fotos machen.

6 Wer organisiert den Wettbewerb?
- a Der Radiosender.
- b Eine Firma.
- c Der Zoo.

Jetzt hörst du die **zweite** Mitteilung.

Du hörst jetzt diese Mitteilung **noch einmal**. Markiere **dann** die Lösung zu Aufgabe 4, 5 und 6.

Lesen

Lies bitte die zwei Anzeigen.

Anzeige 1

Bist du auch ein Fußball-Fan?

Wir möchten einen Internet-Fan-Club für junge Fußball-Fans aus der ganzen Welt gründen. Dann können wir chatten, diskutieren und uns Fan-Material schicken. So kannst du vielleicht ein tolles Poster oder T-Shirt von deinem Star bekommen, wenn es das in deiner Stadt oder in deinem Land nicht gibt.

Wir suchen Fans von allen europäischen Fußball-Clubs. Jeden Monat wählen wir den beliebtesten Club und machen eine Info-Seite über seine Spieler mit vielen Fotos und anderem Material.

Außerdem bekommt ihr die Eintrittskarten zu einem Fußballspiel 5% billiger.

Also meldet euch schnell an – es lohnt sich!

www.fussball-in-europa.com

Anzeige 2

Fotomodels gesucht für die internationale Reportage „Das steht uns!"

Wir suchen Models für ein Foto-Shooting für eine Jugendzeitschrift! Dafür möchten wir eine Gruppe von Freunden (Jungen und Mädchen) einen Tag lang begleiten: in der Klasse, in der Freizeit, am Abend – aber nicht bei einer Modenschau. Wir machen Fotos von euch mit eurer typischen Kleidung. Was tragt ihr wann? Was gefällt euch besonders gut?

Fürs Mitmachen bekommt ihr einen Gutschein für ein Kleidergeschäft in eurer Stadt. Dort könnt ihr mit euren Freunden zusammen für 250,– € einkaufen.

Macht mit und zeigt der Welt euren Style!

Aufgaben 1 bis 6
Kreuze an: a, b oder c.

Beispiel zu Anzeige 1

0 Das ist eine Anzeige für Fans von
a Tennis.
☒ Fußball
c Basketball.

Anzeige 1

1 Der Fanclub sucht Fußballfans
a aus einer Stadt.
b aus einem Land.
c aus der ganzen Welt.

2 Man kann auf der Webseite
a Fan-Sachen verkaufen.
b von anderen Fans etwas bekommen.
c Fan-Sachen billiger bekommen.

3 Was passiert einmal im Monat?
a Man kann Eintrittskarten gewinnen.
b Ein Club bekommt eine Webseite.
c Man kann mit einem Fußballspieler chatten.

Anzeige 2

1 Die Jugendzeitschrift sucht
  a mehrere Freunde.
  b ein Mädchen und einen Jungen.
  c mehrere Paare.

2 Wann fotografiert man die Models?
  a Am Wochenende in der Freizeit.
  b An einem Schultag.
  c Auf einer Modenschau.

3 Was tragen die Jugendlichen?
  a Kleidung von einer Modenschau.
  b Kleidung von einem Geschäft.
  c Eigene Sachen.

Schreiben

Du bist im Internet und liest diese Anzeige.

Mein Star

Wir machen eine Umfrage und suchen „die größten Fans"!
Bist du das vielleicht? Dann schreib uns eine Mail und erzähl auf Deutsch:
Welchen Star findest du toll und warum? Ist der Star in deinem Land beliebt?
Hast du ihn oder sie vielleicht schon einmal getroffen?

Wir sammeln alle Mails und wollen wissen: Welcher Star ist bei Jugendlichen am
beliebtesten? Das Ergebnis seht ihr ab Februar auf unserer Webseite.
Die schönsten Mails kommen auf die Webseite.

Schicke deine Mail bis Ende Dezember an mein-lieblings-star@fan.de!

Antworte bitte mit einem **Brief** (mindestens 50 Wörter).
Schreibe **zu jedem Punkt** bitte ein bis zwei **Sätze**.

1 Stell dich vor (Name, Alter, Adresse, Schule).

2 Wer ist dein Lieblingsstar und was macht er/sie?

3 Ist er oder sie in deinem Land beliebt?

4 Was gefällt dir besonders gut an ihm/ihr?

_____

_____

_____

_____

_____

_____

_____

_____

_____

Sprechen

Fragen stellen und auf Fragen antworten
Thema: Sport

Thema: Sport	Thema: Sport
Mit wem ...?	*Wie lange ...?*
Thema: Sport	Thema: Sport
Was ...?	*Wie oft ...?*
Thema: Sport	Thema: Sport
Wo ...?	*Wann ...?*
Thema: Sport	Thema: Sport
Wie ...?	*Wer ...?*

9 Mein Geld, meine Sachen

1 Mein Taschengeld
Welches Wort passt nicht? Streich es durch und ordne es richtig zu.

1. Musik/Ausgehen: Konzertkarte – ~~Jugendmagazin~~ – Gitarre – _____
2. Süßigkeiten/Fast Food: Schokoriegel – Lippenstift – Cola – _____
3. Handy/Computer: Handykarte – Kinokarte – Handytasche – _____
4. Lesen: Pommes – Buch – Comic – _Jugendmagazin_____
5. Kleidung/Kosmetik: T-Shirt – Haargummis – Computerspiel – _____

2 Jugendliche und ihr Taschengeld

a Ergänze das passende Wort und schreib es in die Lücke.

arbeite · bezahlen · ~~Café~~ · übrig · mich · Geburtstag · Taschengeld · spare · Klamotten

**Wir haben Jugendliche gefragt:
„Was macht ihr mit eurem Taschengeld?"
Lest hier zwei Antworten.**

Lilli, 14 Jahre

Meine Freunde und ich treffen uns oft nachmittags in einem _Café_. Deshalb brauche ich viel _____ (1). Ich _____ (2) ein- oder zweimal in der Woche als Baby-sitter, weil meine Eltern nicht so viel Geld verdienen. So habe ich jeden Monat fast 30 Euro nur für _____ (3)! Und ich habe Geld für die Besuche im Café. Manchmal kaufe ich mir auch Zeitschriften oder ein spannendes Buch, wenn ich noch ein paar Euro _____ (4) habe. Sparen kann ich eigentlich gar nichts.

Martin, 15 Jahre

Mir ist es wichtig, welche _____ (5) ich trage. Deshalb gebe ich mein Taschengeld fast komplett für Kleidung aus. Viele Klamotten _____ (6) meine Eltern. Aber ich muss auch Geld dazu bezahlen, wenn etwas sehr teuer ist. Im Moment _____ (7) ich für eine tolle neue Hose. Für sie muss ich 40 Euro selbst zahlen. Deshalb kann ich in den nächsten acht Wochen nicht ausgehen. Zum Glück habe ich bald _____ (8). Dann wünsche ich mir auch Geld.

b Lies noch einmal und kreuze an.

	Lilli	Martin
1. Wer spart gerade sein ganzes Geld?	☐	☒
2. Wer gibt das meiste Geld für Kleidung aus?	☐	☐
3. Wer gibt sein Geld vor allem beim Ausgehen aus?	☐	☐
4. Wer arbeitet und verdient Geld?	☐	☐
5. Wer wünscht sich Geld zum Geburtstag?	☐	☐

3 Welcher Taschengeld-Typ bist du?

a Was passt zum Pleitegeier? Was passt zum Sparer? Ordne zu.

viel Geld ausgeben • immer das Geld zählen • nur ein bisschen Geld mitnehmen • egal finden, was es kostet • wenig Geld ausgeben • Geld auf das Sparkonto zahlen • viel in einem Laden kaufen • immer Sorgen mit dem Taschengeld haben

Pleitegeier

viel Geld ausgeben

_____

_____

_____

Sparer

_____

_____

_____

b Was aus 3a passt zu dir? Was machst du, wenn du Geld hast? Schreib auf.

Ich bin kein Sparer. Ich gebe viel Geld aus für…

c Verbinde die Sätze mit _dass_.

Man braucht am meisten Geld für Süßigkeiten.

Das Leben ist sehr teuer.

Bald ist genug Geld für ein neues Handy übrig.

1. Lukas findet, _dass man am meisten Geld für Süßigkeiten braucht._

2. Lisa denkt, _____
   _____

3. Constanze meint, _____

4. Bertram denkt, _____
   _____

5. Nele meint, _____
   _____

16 Euro Taschengeld sind zu wenig.

Man braucht nur einmal im Jahr ein neues T-Shirt.

d Was denkst du? Wähl aus und schreib dann vier Sätze mit _dass_ in dein Heft.

Ich denke, …
Ich finde, …
Ich meine, …

Psychotests sind Quatsch.
Psychotests machen Spaß.
Sparen ist wichtig.
Geldausgeben macht Spaß.
Jobben ist cool.
Geld ist nicht wichtig.
Ich habe genug Taschengeld.
Ich bin ein Pleitegeier.

Ich finde, dass Geldausgeben Spaß macht.

4 Flohmarkt in der Schule

a Ordne den Dialog. Hör dann zur Kontrolle.

37

☐ ● Das ist kein Problem. Im Winter trägt man ihn ja unter der Jacke. Dann sieht ihn keiner. Hauptsache, er ist schön warm.

☐ ○ Ich glaube, dass du spinnst! Den kaufe ich bestimmt nicht. Tschüs.

☐ ○ Diese Farbe ist furchtbar.

☐ ● Das ist nicht schlimm. Das ist praktisch. Dann schwitzt man nicht so.

☐1 ● Hi! Wie findest du diesen Pullover?

☐ ○ Warm? Meinst du wirklich? Aber da sind ja überall Löcher!

b Markiere die Nomen in den richtigen Farben (der = blau, das = grün, die = rot, Plural = gelb).

Nom. Akk.

1. Ich nehme diesen Nintendo, dies___ Pullover und dies___ Schuhe. ☐ ☒

2. Dies___ Bild, dies___ Koffer und dies___ Postkarte sind nichts für mich. ☐ ☐

3. Wie findest du dies___ Blumenkleid, dies___ Ohrringe und dies___ Bluse? ☐ ☐

4. Dies___ Digitalkamera, dies___ Computerspiel und dies___ Tasche sind doch völlig kaputt! ☐ ☐

5. Martin wünscht sich dies___ Flugzeug, dies___ Fußballschuhe und dies___ Rucksack. ☐ ☐

c Nominativ oder Akkusativ? Kreuze an und ergänze die Endungen.

5 Alltagsdinge

a Was kann das sein? Streich durch, was nicht passt. Das Lösungswort bleibt übrig.

1. Mit einem/einer ___ kann man zur Schule fahren.
2. Mit einem/einer (???) fahren viele Personen.
3. Der/Das/Die ___ braucht Gleise zum Fahren.

Bus Pferd Straßenbahn Auto Fahrrad

b Viele Erklärungen! Ergänze die Tabelle.

Sachen bezahlen • ~~von den Eltern~~ • aufs Sparkonto zahlen • Lieder üben • in der Post • in einem Musikgeschäft • ~~mit den Fingern spielen~~ • eine Postkarte schicken • sammeln • in der Tasche

	Mit einem/einer/ – ... kann man ...	Ich habe ihn/es/ sie ...	Man bekommt ihn/es/sie ...	Außerdem kann man ihn/es/sie ...
Briefmarke		in meinem Schreibtisch		
Gitarre		in einer Tasche in meinem Zimmer		mit den Fingern spielen
Taschengeld			von den Eltern	

c Kreuze die richtige Form an.

1. Mit [X] einem [ ] einer [ ] — Fotoapparat kann man Fotos machen.
2. Mit [ ] einem [ ] einer [ ] — Torte kann man Freunden zum Geburtstag gratulieren.
3. Mit [ ] einem [ ] einer [ ] — Fernseher kann man Filme sehen.
4. Mit [ ] einem [ ] einer [ ] — Tomaten kann man einen Salat machen.
5. Mit [ ] einem [ ] einer [ ] — Rucksack kann man gut wandern.

6 -r- und -er

a Hör und markiere alle r wie in richtig.

38

Gitarre – vergessen – Freund – welcher – Problem – warum – Jahr – sprechen – praktisch – mehr –
Füller – groß – Autogramm – sehr

b Hör noch einmal. Markiere in 6a mit einer anderen Farbe alle r wie in meiner.

c Hör die Wörter und schreib auf.

39

1. _Jahr_____ – _____   4. _____ – _____
2. _____ – _____   5. _____ – _____
3. _____ – _____   6. _____ – _____

7 Mein Lieblingsding

a Was ist richtig? Kreuze an.

1. Das ist Plato mit [X] seinem [ ] ihrem Halsband.
2. Das ist Frau Müller mit [ ] seiner [ ] ihrer Jacke.
3. Das ist Robbie mit [ ] seinem [ ] ihrem Stift.
4. Das sind Antons Oma und Opa mit [ ] eurer [ ] ihrer Clownsnase.
5. Das ist Paul mit [ ] seinem [ ] ihrem Kuscheltier.
6. Das ist Pia mit [ ] seinen [ ] ihren Flip-Flops.
7. Das ist Jannik mit [ ] seinen [ ] ihren Freunden.
8. Das ist Nadja mit [ ] seinem [ ] ihrem Bruder.

b Ordne die Sachen zu und ergänze die passenden Endungen.

(der Schlüssel) (der Hund) (die Eltern (Pl.)) (das Taschengeld) (das Handy) (das Halsband)

1. Mit seine**m** _Schlüssel_____ kann der Schuldirektor alle Türen aufmachen.
2. Mit ihr____ _____ können Nadja und Jannik über alles sprechen.
3. Mit dein____ _____ kannst du die Hose nicht kaufen. Sie ist zu teuer.
4. Mit ihr____ _____ kann Nadja auch Fotos machen.
5. Mit sein____ _____ ist Plato sehr beliebt.
6. Mit unser____ _____ müssen wir jeden Tag spazieren gehen.

9

c Ergänze die richtige Form von *mein, dein* ...

1. ● Maaaama, wo ist denn nur __meine__ Tasche? Ohne _____ Tasche kann ich nicht aus

   dem Haus gehen.

   ○ Ich weiß nicht, wo _____ Tasche ist. Hier, du kannst

   auch _____ Tasche nehmen.

   ● Das ist doch keine Tasche. Das ist ein Rucksack.

   Mit _____ Rucksack gehe ich nicht raus!

   ○ Tja, dann musst du die Tasche weiter suchen! Viel Spaß!

2. ○ Hallo Markus, hallo Michael! Was ist denn los? Seid ihr traurig?

   ● Ja, _____ Katze ist weggelaufen.

   ○ Wann habt ihr _____ Katze denn zum letzten Mal

   gesehen?

   ● Vor einer Stunde. Peter hat uns mit _____ Hund

   besucht. Plötzlich war sie weg.

   ○ Hatte sie vielleicht Angst vor dem Hund?

   ● Ja, vielleicht … Dann ist sie vielleicht in _____ Wohnzimmer – unter dem Schrank!

8 Dein Lieblingsding
Ordne die Fotos den Texten zu.

1	2	3
der Motorroller	die Armbanduhr	die Schuhe

A *Thorsten, 16 Jahre*
Meine wunderschönen 🐾 habe ich schon zwei Jahre und trage sie fast jeden Tag! Ich habe sie noch nie geputzt, aber sie sehen immer noch gut aus. Ich habe sie auf unserer Klassenfahrt in London gekauft. Sie erinnern mich an die schöne Zeit dort.

B *Miriam, 16 Jahre*
Mit meinem 🐾 fahre ich durch die ganze Stadt. Ich habe ihn von meinen Eltern zum Geburtstag bekommen. Jetzt muss ich nicht mehr auf den Bus warten oder bei meinen Eltern im Auto mitfahren. Ich kann auch noch jemanden mitnehmen. Mit einer Freundin bin ich schon mal ans Meer gefahren und wir hatten einen tollen Tag.

C *Konstantin, 17 Jahre*
Meine 🐾 ist mein Lieblingsding, weil sie mich an meinen Opa erinnert. Er hat sie mir gegeben. Leider lebt er nicht mehr. Alle anderen 🐾 sind bei mir immer kaputt gegangen. Diese nicht! Ich passe gut auf sie auf. Ich trage sie nur an besonderen Tagen und freue mich immer, wenn ich sie an meinem Arm sehe.

Wörter – Wörter – Wörter

9 **Das liebe Geld**

a **Finde acht Verben im Rätsel.**

V	E	R	F	I	K	O	S	T	E	N	O	A
Z	Ä	B	I	E	F	S	T	A	G	U	A	M
D	V	E	R	D	I	E	N	E	N	N	U	P
E	R	Z	Ö	H	L	N	E	T	D	U	S	I
S	P	A	R	E	N	E	R	T	O	L	G	U
G	I	H	O	E	B	E	K	O	M	M	E	N
K	O	L	K	O	M	A	S	C	H	Ü	B	U
D	U	E	R	T	B	R	A	U	C	H	E	N
W	E	N	B	U	N	Z	Ä	H	L	E	N	R

1. _verdienen_
2. _____
3. _____
4. _____
5. _____
6. _____
7. _____
8. _____

b **Schreib fünf Sätze mit Verben aus 9a in dein Heft.**

Ich möchte als Babysitter arbeiten und Geld verdienen.

10 **Erklärungen**

a **Ordne die Wörter den Erklärungen zu.**

das Taschengeld • die Flöte • die Sorge • der Flohmarkt • die Bank • der Comic

1. Das ist ein Heft mit vielen Bildern. – _der Comic_
2. Dort kann man sein Geld hinbringen und auch wieder abholen. – _____
3. Hier kauft man Sachen sehr billig. Die Sachen sind nicht neu. – _____
4. Ein Instrument mit Löchern. – _____
5. Man hat Angst um eine Person oder eine Sache. – _____
6. Man bekommt es einmal in der Woche oder im Monat zum Ausgeben. – _____

b **Jetzt bist du dran. Erkläre diese Wörter.**

1. das Handy – _____
2. das Zelt – _____
3. das Trikot – _____

11 **Meine Wörter**
Welche Wörter, Ausdrücke oder Sätze sind für dich wichtig? Schreib auf.

_____

So wohne ich

1 Koljas Sachen sind weg.

a *Legen* oder *stellen*? Was macht Kolja? Ergänze das passende Verb.

Kolja legt die CDs auf den Tisch.

Kolja stellt die CDs in das Regal.

1. Kolja _____ die T-Shirts in den Schrank. 3. Kolja _____ die Schuhe unter das Bett.

2. Kolja _____ den Stuhl auf den Balkon. 4. Kolja _____ die Mütze auf die Heizung.

b Kolja hat aufgeräumt. Schreib die Sätze im Perfekt.

1. Kolja / in die Dose / die Zahnspange / tun / . _*Kolja hat die Zahnspange in die Dose getan.*_

2. die Fußballschuhe / Er / in die Sporttasche / packen / . _____

_____

3. Er / das Buch / stellen / ins Regal /. _____

4. Das Spiel / er / unter das Bett / legen / . _____

2 Kolja räumt auf.

a Wo sind die Sachen in Pauls Zimmer? Ordne die Wörter im Kasten den Bildern zu.

~~zwischen~~ • in • an • auf • über • unter • vor • neben

1. _zwischen_   2. _____   3. _____   4. _____

5. _____   6. _____   7. _____   8. _____

b „Wohin tust du deine Sachen, Paul?" Ergänze die Artikel im Akkusativ.

1. Meinen Stoffhasen lege ich in _das_ Bett. 2. Den Schal hänge ich über _____ Poster. 3. Mein

Mathebuch packe ich in _____ Schultasche. 4. Den MP3-Player lege ich auf _____ Schreibtisch.

5. Das Skateboard stelle ich hinter _____ Tür. 6. Den Tennisschläger stelle ich neben _____ Schrank.

3 Ordnung zu Hause

a Wie heißen die Zimmer? Schreib mit Artikel.

1. *die Küche*   5. _____
2. _____ 6. _____
3. _____ 7. _____
4. _____ 8. _____

b Sieh die Wohnung an.
Wohin kommen die Sachen?

in • hinter • auf • in • neben • in • in

1. Die Schuhe stelle ich __*in*__ __*das*__ Schuhregal.
2. Die Vase stelle ich _____ _____ Tisch.
3. Die Kleidung lege ich _____ _____ Schrank.
4. Die Lampe stelle ich _____ _____ Sofa.
5. Die Schultasche stelle ich _____ _____ Schreibtisch.
6. Die Jacken hänge ich _____ _____ Flur.
7. Den Tisch und die Stühle stelle ich _____ _____ Küche.

4 Unordnung im Zimmer von Denis
Denis hat viele Fragen. Ergänze die Fragewörter.

warum • wo • was • wie • wohin • wer

1. Weißt du, __*wo*__ meine Uhr ist? – Sie ist im Badezimmer.
2. Kannst du mir sagen, _____ das ist? – Das ist ein Nudelsalat.
3. Wisst ihr, _____ Mama heute so schick ist? – Weil sie einen wichtigen Termin hat.
4. Könnt ihr mir sagen, _____ das hier auf dem Foto ist? – Das ist deine Urgroßmutter.
5. Können Sie mir sagen, _____ dieser Bus fährt? – Er fährt zum Hauptbahnhof.
6. Wissen Sie, _____ diese Straße heißt? – Ja, das ist die Schulstraße.

5 Kannst du uns sagen, …?
Du fragst deinen Bruder. Sei höflicher und schreib indirekte Fragen.

1. *Weißt du, warum das Radio nicht funktioniert?* (Warum funktioniert das Radio nicht?)
2. _____ (Wann gibt es Abendessen?)
3. _____ (Wie geht es Lenes Bruder?)
4. _____ (Wo sind die Computerspiele?)
5. _____ (Wer hat gerade angerufen?)

6 Das neue Zimmer

a Lies noch einmal Tabeas E-Mail im Kursbuch. Richtig oder falsch? Kreuze an.

	richtig	falsch
1. Tabea ist in den Ferien bei ihrem Vater in Porto.	X	☐
2. Sie mag die Freundin von ihrem Vater nicht.	☐	☐
3. Der Strand ist sehr weit weg.	☐	☐
4. Tabea hat ein Zimmer für sich allein.	☐	☐
5. An der Wand hängen Poster von Pferden.	☐	☐
6. Tabea hat noch keinen Tisch und keinen Stuhl in ihrem Zimmer.	☐	☐

b *Liegen, stehen* oder *hängen*? Welches Verb passt?

| 1. Der Teppich _liegt_ auf dem Boden. | 2. Das Poster _____ an der Wand. | 3. Die Lampe _____ hinter dem Sofa. | 4. Der Brief _____ zwischen den Büchern. |

c Wo sind die Sachen? Ergänze die Präpositionen und Artikel.

> ~~vor~~ • an • in • zwischen • neben • unter • neben • auf

Ein Schreibtisch steht (1) _vor__ _dem__ Fenster. (2) _____

_____ Schreibtisch steht ein Computer. (3) _____ _____

Computer liegt ein Heft. (4) _____ _____ Tisch liegt ein

Hund. (5) _____ _____ Schreibtisch steht ein Regal.

(6) _____ _____ Regal hängt eine Jacke. (7) _____

_____ Regal stehen viele Bücher. (8) _____ _____

Büchern liegt eine Sonnenbrille.

7 Tabea räumt um.

a Viele Wünsche! Schreib die Wünsche höflicher ins Heft.

> *Meine Wünsche*
> 1. *Ich will ein eigenes Zimmer haben.*
> 2. *Wir brauchen einen großen Fernseher.*
> 3. *Wir möchten eine kleine Katze.*
> 4. *Ich brauche eine neue Schultasche.*
> 5. *Ich will einen weißen Teppich haben.*

> *1. Ich hätte gern ein eigenes Zimmer.*
> *2. Wir hätten ...*

b *Wo?* oder *Wohin?* Welches Fragewort passt? Kreuze an.

	Wo?	Wohin?
1. Die Katze liegt auf _____ Bett.	X	☐
2. Wir fahren am Samstag in _____ Berge.	☐	☐
3. Die Schule ist hinter _____ Krankenhaus.	☐	☐
4. Der Junge hängt ein Poster an _____ Tür.	☐	☐
5. Die Lehrerin stellt den Stuhl vor _____ Tafel.	☐	☐
6. Das Auto steht neben _____ Haus.	☐	☐

c Ergänze in 7b die passenden Artikel.

d Wir räumen auf. Schreib für jede Sache zwei Sätze in dein Heft.

Wo? Was? Wohin?

1. die Küche   die Schuhe
2. der Teppich   die Comics   der Flur   das Regal
3. der Flur   der Koffer   der Schrank   die Tasche
4. das Bett   der Schlüssel

1. Die Schuhe sind in der Küche. Wir stellen die Schuhe in den Flur.

8 Bilddiktat

Wie sieht dein Zimmer aus? Verbinde die Satzteile und schreib sechs Sätze ins Heft.

In meinem Zimmer …	stehen	das Bett	die Bücher	an	auf	die Tür	das Bett
	liegen	das Regal	die CDs / DVDs	hinter	in	das Fenster	die Wand
	hängen	der Teppich	die Lampe	neben	über	der Tisch	das Regal
	sein	das Poster	der Computer	unter	vor	der Kleiderschrank	
		die Pflanze	die Schulsachen	zwischen		der Boden	die Heizung

1. In meinem Zimmer steht das Regal neben dem Kleiderschrank.

9 *b* oder *w*?

a *b*: Hör zu und sprich nach.

Bad – Balkon – Bett – Brille – besuchen – bezahlen – billig – Blume – Bruder – Boden

b *w*: Hör zu und sprich nach.

Wörterbuch – witzig – Weg – Wald – warten – wohnen – Wohnung – warm – Winter – Wand

c *b* oder *w*? Hör zu und ergänze.

___ir ___esuchen unseren ___ruder, a___er der ___eg ist ___eit. Unser ___ruder ___ohnt am ___ald.

Die ___ohnung ist ___itzig. Das ___ett steht im ___ad, ___örter___ücher liegen auf dem ___oden und

___lumen hängen an der ___and.

10 Schlüsselkinder
Schreib die Informationen aus den Sätzen in die Tabelle. Löse das Rätsel: Welches
Schlüsselkind wohnt wo? Weißt du die Antworten auf die drei Fragen?

	1 _____	2 _Marek_	3 _____	4 _____
Haustier				
Aktivität		_hört laut Musik_		
Eltern				

Marek hört gern laut Musik, wenn er allein ist.
Das Mädchen mit dem Hund wohnt links neben Marek.
Brunos Eltern sind geschieden. Er wohnt zwischen Jenny und Marek.
Jennys Mutter arbeitet am Nachmittag. Dann hat Jenny Zeit für ihre Katze.
Kathleen spielt gern Klavier, wenn sie allein ist.
Die Eltern von dem Jungen neben Bruno arbeiten bis 19 Uhr.
Der Junge neben Jenny liest am liebsten. Er hat Fische.

1. Der Vater von wem lebt in Brasilien? _____

2. Wer hat einen Hamster? _____   3. Wer kocht gerne? _____

11 Allein zu Hause

a Silke ist allein zu Hause. Zu welchen Sätzen passen die Bilder? Ordne zu.

A Silke macht, was die Eltern gesagt haben. ——

B Die Eltern sind sauer. Sie denken, dass Silke lange ferngesehen hat. _____

C Silke schaut mit ein paar Freundinnen die ganze Nacht Filme an. _____

D Die Eltern fahren weg und wollen nicht, dass Silke lange fernsieht. _____

E Silke will nicht die ganze Nacht fernsehen und feiert lieber mit ihren Freundinnen eine Party. _____

F Silke hat ein bisschen Angst, deshalb müssen die Mädchen leise sein. _____

 b Was ist passiert? Schreib die Geschichte in dein Heft.

Silkes Eltern haben eine Reise gemacht. ...

Wörter – Wörter – Wörter

12 Rund um die Wohnung
Finde 16 Wörter zum Thema *Wohnen*. Schreib die Wörter mit Artikel in dein Heft.

P	B	I	L	D	E	T	I	S	C	H
F	I	W	A	N	D	R	G	C	I	E
L	G	E	M	Ö	B	E	L	H	A	I
A	Ü	B	P	E	A	P	O	R	M	Z
N	Z	U	E	F	L	P	K	A	J	U
Z	Q	V	S	G	K	E	Y	N	G	N
E	B	I	U	S	O	H	S	K	A	G
T	E	L	F	E	N	S	T	E	R	Ä
N	T	A	B	H	A	M	U	F	T	O
I	T	E	P	P	I	C	H	J	E	N
O	R	Ü	R	E	G	A	L	B	N	W

die Möbel
...

13 Silbenrätsel
Was passt zusammen? Kombiniere die Wörter und ergänze die Artikel.

Kinder • Taschen • Zahn • Brille • Rechner • Tennis • Schläger
Kleider • Sonnen • Spange • Zimmer • Schrank

1. *das Kinderzimmer*   3. _____   5. _____

2. _____   4. _____   6. _____

14 Zu Hause
Ergänze die Dialoge mit den Wörtern aus dem Kasten

aufbleiben • aufräumen • erlaubt • Müsli • Zimmer • Küche • Boden • links • umräumen

1. ● Na, Mario, wie gefällt dir dein neues _Zimmer_ ?   ○ Sehr gut!

   ● Hier liegen aber noch sehr viele Sachen auf dem _____. Jetzt musst du

   noch _____.   ○ Ja, aber zuerst will ich noch ein bisschen

   _____. Das Regal soll _____ an die Wand. Hilfst du mir?

2. ● Papa, kann ich nach dem Abendessen noch ein bisschen _____ und fernsehen?

   ○ Hat Mama das _____?   ● Mmmmm.

   ○ Jetzt komm in die _____. Wir wollen essen.   ● Ich möchte _____.

   ○ Müsli am Abend? Nein, jetzt gibt es Suppe.

15 Meine Wörter
Welche Wörter, Ausdrücke oder Sätze sind für dich wichtig? Schreib auf.

_____

11 Stadtgeschichten

1 Leben in Berlin

a Was bedeuten die Schilder? Ordne zu.

1. Rauchen verboten! ____
2. Fotografieren verboten! ____
3. Telefonieren verboten! ____
4. Rasen betreten verboten! ____
5. Laut sprechen verboten! ____
6. Essen verboten! ____

b Erkläre die Schilder. Schreib Sätze mit *nicht dürfen*.

1. Hier darf man nicht rauchen.

c Ergänze die passende Form von *dürfen*.

1. In Deutschland _darf_ man mit 16 Jahren rauchen.
2. Er _____ erst Fußball spielen, wenn er die Hausaufgaben gemacht hat.
3. Janniks Mutter sagt: „Du _____ noch nicht raus! Du bist krank!"
4. Ihre Freunde _____ am Abend bis acht Uhr bleiben.
5. Ich _____ dieses Jahr eine große Geburtstagsfeier machen.
6. Ihr _____ noch eine Stunde bleiben.
7. Aber wir _____ nicht zu laut sein – meine kleine Schwester schläft schon.

~~darf~~
darfst
darf
dürfen
dürft
dürfen
darf

2 Die Hauptstadt von Deutschland

a Lies den Text im Kursbuch S. 81 noch einmal. Beantworte die Fragen mit wenigen Wörtern.

1. Wie alt ist Berlin? _800 Jahre._
2. Was ist Berlin seit 1990? _____
3. Warum wollen viele Menschen in Berlin wohnen? _____

   _____
4. Wie viele Touristen besuchen Berlin jährlich? _____
5. Warum ist Berlin heute so international? _____

   _____

b Zahlenmix. Ergänze die Lücken.

1. 620 – *sechshundertzwanzig*
2. 379 – _____
3. 4810 – _____
4. 12 000 – _____
5. 500 000 – _____

6. _____ – drei Millionen
7. _____ – siebentausendvierhundert
8. _____ – fünfzehntausendundfünfzehn
9. _____ – sechzigtausendachthundert
10. _____ – zweihunderttausendundacht

c Wann ist das passiert? Schreib die passende Jahreszahl in Worten.

1. Seit wann ist Berlin Hauptstadt von Deutschland? *Seit neunzehnhundertneunzig*
2. Wann bist du geboren? _____
3. Wann bist du in die Schule gekommen? _____
4. Seit wann lernst du Deutsch? _____

d Ergänze die Adjektiv-Endungen.

Wien, die Hauptstadt von Österreich, ist die größte Stadt in dem
klein*en* (1) Land – sie hat 1,7 Millionen Einwohner. Besucher können
in der schön____ (2) Stadt viel machen. Zum Beispiel kann man im
gemütlich____ (3) Kaffeehaus den berühmt____ (4) Wiener Kaffee
probieren – mit der lecker____ (5) Sachertorte! Im alt____ Schloss
Schönbrunn lernt man etwas über die österreichischen Kaiser, im
nah____ (6) Park kann man spazieren gehen und im beliebt____ (7)
„Prater" haben Kinder und Erwachsene Spaß.

3 Eure Stadt

a Lies den Text über Bern und ergänze die Lücken.

> ~~Hauptstadt~~ • Sehenswürdigkeiten • alt • Sprachen • berühmte
> Einwohner • Touristen • schönen • Mitte

Bern ist die *Hauptstadt* von der Schweiz und hat ca. 130 000 _____.
Sie ist über 800 Jahre _____ und liegt in der _____ von der
Schweiz. In der Schweiz gibt es drei _____ – Deutsch, Französisch und
Italienisch. In Bern sprechen die meisten Leute Deutsch. Es kommen aber auch
viele _____ nach Bern, weil Bern viele _____
bietet. Besonders interessant sind die _____ Kirchen, aber auch der
_____ „Zeitglockenturm".

b Lies den Text noch einmal. Antworte kurz auf die Fragen.

1. Wo liegt Bern? *In ...*
2. Wie viele Einwohner hat Bern? _____
3. Wie alt ist Bern? _____
4. Was ist berühmt? _____

4 Langeweile

a Was macht man wo? Verbinde.

1. Freibad   A Bilder ansehen
2. Stadtpark   B Kleider anprobieren
3. Kletterhalle   C Bücher leihen
4. Museum   D schwimmen
5. Bücherei   E spazieren gehen
6. Kaufhaus   F klettern

b Was machst du in deinem Wohnort? Kreuze an.

	tanzen	Bücher leihen	spazieren gehen	schwimmen	einkaufen	klettern
täglich						
1 bis 2-mal pro Woche						
1 bis 2-mal pro Monat						
selten						
nie						

c Schreib zu jeder Aktivität aus 4b einen Satz in dein Heft.

Ich tanze einmal in der Woche in einem Club.

d Hör das Telefongespräch von Peter und Amelie. Was möchten sie machen?

43

Peter: _____

Amelie: _____

e Was antwortet Amelie? Ordne zu. Hör das Telefongespräch zur Kontrolle noch einmal.

Peter:

● Hallo Amelie, hier ist Peter.

● Ja, mir ist gerade langweilig. Hast du Zeit?

● Zwei Stunden? Ich wollte gern schwimmen gehen.

● Eis kann ich auch zu Hause essen. Nein, dann lieber in den Park.

● Das kannst du ja lernen. Aber wir können einfach ein bisschen mit dem Fahrrad fahren.

● Na gut, einverstanden.

Amelie:

○ Und was machen wir im Park? Fußball spielen kann ich leider nicht ...

○ Hallo Peter. Schön, dass du anrufst.

○ Gut, aber nur, wenn wir dann am Ende noch ein Eis essen.

○ Ja, zwei Stunden. Dann muss ich zum Sport.

○ Nein, schwimmen geht nicht. Ich habe noch Schnupfen. Aber wie wäre es mit einem Eis?

5 Formular für die Kletterhalle
Du bist neu in der Kletterhalle. Schreib deine Angaben in den Mitgliedsausweis.

_____ Kletterhalle „Gipfelstürmer" – Mitgliedsausweis _____

Name: _____   Straße: _____

Vorname: _____   Hausnummer: _____

Geburtsdatum: _____   Postleitzahl: _____

Geburtsort: _____   Wohnort: _____

Telefonnummer: _____   E-Mail-Adresse: _____

Datum und Ort: _____   Unterschrift: _____

6 Ohne Regeln geht es nicht.

a Ergänze die Regeln mit den Wörtern in der Klammer. Achte auf die Endungen.

1. In ein Museum darf man nicht mit ein*er* _____ _____ (groß, Tasche).

2. In ein Café darf man nicht mit ein_____ _____ _____ (eigen, Torte).

3. In die Sporthalle darf man nicht mit _____ _____ _____ (schmutzig, Schuhe).

4. Einen Reisepass bekommt man nur mit _____ _____ _____ (aktuell, Foto).

b Schreib Sätze. Achte auf die Endungen im Dativ.

1. (in / die große Kletterhalle / können / du / jeden Tag / trainieren)
   In der großen Kletterhalle kannst du jeden Tag trainieren.

2. (mit / unbequeme Schuhe / machen / das Klettern / keinen Spaß)
   _____

3. (in / die kleine Kletterhalle / trainieren / Anfänger / mit / ein erfahrener Trainer)
   _____

4. (die Kurse / sein / für alle Mitglieder / mit / ein gültiger Mitgliedsausweis)
   _____

7 Ein kleiner Unterschied: *m* und *n*

44

a Hör die Wörter und ergänze die Lücken: *m* oder *n*?

eine___   billige___   ferne___   große___   heiße___   eigene___   saubere___

aktuelle___   rechte___   bequeme___   erfahrene__

b Hör die Ausdrücke und lies laut mit.
45

1. in einem bequemen T-Shirt   4. mit einem aktuellen Foto
2. in einem praktischen Kurs   5. einen erfahrenen Trainer
3. mit einem heißen Getränk   6. einen gültigen Ausweis

8 Robbie ist fleißig.

a Robbies, Antons, Nadjas und Pias Aussagen sind durcheinander. Sortiere.

1. Pia: Also ich lese gerade den Stadtplan, …	2. Anton: Ich übe schon den ganzen Nachmittag jonglieren, …	3. Nadja: Das ist doch ganz klar! Ich schminke mich, …	4. Robbie: Und ich verteile Zettel, …
… weil ich heute Abend zu Robbies Konzert gehe. _3_	… weil ich ein Konzert mit meiner Band habe. ____	… weil ich eine Straße suche. ____	… weil ich besser werden möchte. ____

b Schreib die richtigen Aussagen in dein Heft und verbinde die Sätze mit *denn*.

> *1. Ich lese gerade den Stadtplan, denn ich suche eine Straße.*

c Was machst du gern und was nicht? Warum? Schreib Sätze mit *denn*.

> früh aufstehen • in die Schule gehen • Geburtstag haben • eine Reise machen • einkaufen

1. *Ich stehe nicht gern früh auf, denn morgens bin ich immer müde.*
2. _____
3. _____
4. _____
5. _____

9 Wie kommen wir zum Konzert?

a Ergänze die Lücken in der Wegbeschreibung. Der Stadtplan im Kursbuch S. 84 hilft.

Du gehst aus der Pizzeria raus und (1) __nach__ rechts. Das ist die Hauptstraße. Zuerst gehst du immer (2) _____ bis zur Kreuzung (3) _____ Kino. Da gehst du (4) _____ und nimmst dann die (5) _____ Straße links. Dann stehst du schon (6) _____ der Bücherei.

> rechts
> erste
> geradeaus
> ~~nach~~ vor
> am

b Wie kommt man da hin? Lies den Stadtplan im Kursbuch S. 84 und schreib in dein Heft.

1. vom Spielplatz zur Post
2. vom Schwimmbad zum Supermarkt
3. von der Buchhandlung zum Rathaus

> *1. Geh immer geradeaus bis zur …*

Wörter – Wörter – Wörter

10 Orte, Orte, Orte

a Wie heißen die Orte? Verbinde die Silben und notiere die Wörter mit Artikel.

> ~~Bahn~~ • che • Flug • haus • Fuß • ~~hof~~ • Kir • Mu • platz • hafen
> Rat • zone • seum • Spiel • gänger

der Bahnhof, _____

_____

b Was passt nicht? Streich durch.

~~Mitgliedsausweis~~ – Kletterhalle – Bücherei – Fitnessclub
Hauptstadt – Bauernhof – Sehenswürdigkeit – Stadtplan
Jugendzentrum – Freibad – Jugendzeitschrift – Disco
Unterschrift – Geburtsdatum – Wohnort – Bahnhof

11 Zahlen, Zahlen, Zahlen
Welche Zahlen sind das? Notiere.

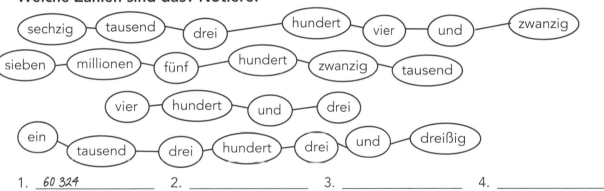

1. *60 324* _____ 2. _____ 3. _____ 4. _____

12 Schön, schön, schön

a Welche Adjektive findest du? Markiere.

NLANGWEILIGSTASCHÖNINGFERNGLALTOGTEUERSCHÄSSLICHBLINTERESSANT

ORSCHEUSSLICHAUFBILLIGÜNSTNAHNEJUNGLISCHICKWOP

b Welche Adjektive aus Übung 12a bilden ein Paar? Ordne zu.

1. *langweilig* – *interessant*   4. _____ – _____
2. _____ – _____   5. _____ – _____
3. _____ – _____   6. _____ – _____

13 Meine Wörter
Welche Wörter, Ausdrücke oder Sätze sind für dich wichtig? Schreib auf.

_____

12

Raus in die Natur

1 Hinaus aus der Stadt
Zu welcher Person passen die Ausdrücke? Notiere. Aufgabe 1a im Kursbuch S. 86 hilft.

> einen Freund auf dem Land besuchen • ~~auf die Freundin warten~~ • auf einem Bauernhof mit der Band proben • dem Pferd Karotten bringen • in die Berge fahren • klettern gehen • laut Musik machen • zum Reitstall im nächsten Dorf fahren • zweimal pro Woche reiten

auf die Freundin warten,		

2 In der Natur unterwegs

a Such die Gegensätze. Ergänze die Sätze.

~~1 Stunde~~   ~~Skateboard~~   ~~am Wasser~~   ~~in der Halle~~   ~~fünfmal~~

1. Der Ausflug dauert _nicht eine Stunde_, sondern drei Stunden.
2. Tabea reitet _____ pro Woche, sondern nur zweimal.
3. Angela klettert _____, sondern im Freien.
4. Lea und Elias spielen _____, sondern im Wald.
5. Stefan und Dominik fahren _____, sondern Mountainbike.

b Was machen die Personen? Schreib Sätze mit *sondern*.

1. am Wasser spielen — Lea und Elias angeln nicht, _sondern (sie) spielen am Wasser_
2. einen Spaziergang machen — Herr König reitet nicht, _sondern (er)_ _____
3. Mountainbike fahren — Stefan und Dominik wandern nicht, _____
4. klettern gehen — Sie spielen nicht im Verein Fußball, _____
5. faulenzen — Frau Bürger macht keinen Ausflug, _____
6. im See schwimmen — Sie sonnt sich nicht, _____

3 Tabeas Hobby
Lies den Text. Ergänze die Lücken. Die Sätze im Kursbuch S. 87 helfen.

Tabea liebt Pferde, _Reiten_ (1) ist ihr großes _____ (2). Reiten ist aber ziemlich

_____ (3), deshalb jobbt sie _____ (4) dem Reiterhof. Die Arbeit im

_____ (5) ist anstrengend, trotzdem macht sie das _____ (6). Tabea kann

schon sehr _____ (7) reiten, deshalb darf sie auch _____ (8) reiten. Sie ist

_____ (9) vom Pferd gefallen. Trotzdem _____ (10) sie keine Angst.

4 Oh je!

a deshalb oder trotzdem? Welcher Satz passt? Kreuze an.

1. Es ist heute sehr kalt.
   - [X] Deshalb ziehe ich warme Sachen an.
   - [B] Trotzdem bleibe ich in der warmen Wohnung.

2. Das Kino ist heute geschlossen,
   - [A] deshalb besuche ich Freunde.
   - [B] trotzdem sehe ich zu Hause eine DVD an.

3. Mir geht es nicht gut, ich bin krank.
   - [A] Deshalb bin ich in die Schule gegangen.
   - [B] Trotzdem habe ich für die Schule gelernt.

4. Ich fahre morgen früh zum Sportfest,
   - [A] deshalb packe ich meine Sportsachen ein.
   - [B] trotzdem gehe ich früh schlafen.

5. Ich gehe nicht gern wandern.
   - [A] Deshalb habe ich Wanderschuhe gekauft.
   - [B] Trotzdem muss ich beim Ausflug mitgehen.

b Schreib eine Geschichte. Wo brauchst du deshalb, wo trotzdem?

Peers Hobby: Skateboard fahren | viele tolle Tricks können | einen Unfall haben | wieder Skateboard fahren | Peer cool finden

Peer hat ein großes Hobby: Skateboard fahren!

5 Was mögt ihr? Was nicht?
Schreib je einen Satz mit deshalb und trotzdem.

1. Faulenzen finde ich super.
   Deshalb ... _____
   Trotzdem ... _____

2. Spazieren gehen ist langweilig.
   _____
   _____

6 Feriencamps
Lies die Anzeige. Kreuze die Lösung an.

In den Bergen Tirols – Jugendhaus Obernberg

Das Haus liegt mitten in den Bergen Tirols, im kleinen Ort Obernberg mit 370 Einwohnern. Die schöne Landschaft rund um das Haus bietet alles: Wiesen und Wälder, kleine Seen (leider sehr kalt!!!), hohe Berge mit Schnee. Es gibt viele Möglichkeiten für sportliche und nicht so sportliche Leute: kurze oder lange Wanderungen, Bergtouren oder Klettern. Wer Lust hat, fährt mit dem Mountainbike zu den Bergseen. Man kann vor dem Haus grillen oder auch im Freien schlafen. Unser Haus ist ganzjährig geöffnet für Familien, Schulklassen und Jugendgruppen.

1. Rund um das Jugendhaus Obernberg

   [A] ist die Landschaft schön.

   [B] gibt es viel Schnee.

   [C] gibt es einen großen See.

2. Wenn man im Jugendhaus Obernberg ist,

   [A] kann man in den Seen schwimmen.

   [B] darf man nicht Mountainbike fahren.

   [C] hat man nicht viele Möglichkeiten.

3. Im Jugendhaus Obernberg

   [A] kann man nur Sommerferien machen.

   [B] machen viele Schulklassen Winterferien.

   [C] kann man immer Ferien machen.

7 Ich in den Ferien

a Vergleiche. Schreib Sätze mit *wie*.

Lisa

1. gern mögen: Klettern ☺   Schwimmen ☺   Lisa mag Klettern _genau so gern_ _wie Schwimmen._

2. gut finden: Rad fahren ☺   Reiten ☺   Lisa findet _____

Florian

3. nicht so gut finden: Laufen ☺   Mountainbike fahren ☺ ☺   Florian findet _Laufen nicht so gut wie_ _____

4. nicht so gern mögen: Wandern ☺   Skateboard fahren ☺ ☺   Florian mag _____

b *Wie* oder *als*? Ergänze die Lücken.

1. Ich mag Faulenzen genau so gern __*wie*__ Picknick machen.   2. Florian fährt lieber Snowboard _____ Skateboard.   3. Lisa findet Rad fahren nicht so cool _____ Reiten.   4. Ich finde Grillen besser _____ ein Picknick.   5. Tabea mag Pferde lieber _____ Hunde.   6. Frau Bürger findet den Sommer so schön _____ den Winter.

8 Eine Nacht im Zelt
Sieh die Bildgeschichte an: Welcher Textteil passt zu welchem Bild? Notiere A–F.

1    2    3

4    5    6

A Es ist dunkel, die Nacht ist kalt. Es ist windig und ein bisschen unheimlich. Sie wollen schlafen und gehen ins Zelt.

B Es ist ein schöner Tag. Die Freunde machen einen Ausflug an einen See. Sie wollen campen.

C Es kommt ein Gewitter. Es blitzt und donnert. Pia hat schreckliche Angst.

D Kolja und Paul müssen die Zelte allein aufstellen. Sie sind genervt.

E Es ist heiß und die Rucksäcke sind so schwer. Sie schwitzen, aber sie sind glücklich.

F Später sitzen sie am Lagerfeuer und grillen Würstchen. Sie erzählen und lachen, es ist wunderschön.

Bild	1	2	3	4	5	6
Text	B					

9 Szenen

a Du hörst zwei Gespräche. Wo sind Ralf und Tina? Notiere: R und T.

46

___ in einem Hotel am Meer   ___ in einem Trainingscamp   ___ auf einem Reiterhof

___ in einem Jugenddorf   ___ in einem Gästehaus auf einer Insel

b Hör die Gespräche noch einmal. Welche Ausdrücke hörst du? Kreuze an.

Gespräch 1

☒ So ein Blödsinn! Es ist so langweilig!
☐ Ich fürchte mich so!
☐ Ich mag nicht mehr!
☐ Bleib einfach cool, bald ist es vorbei.
☐ Morgen ist es vorbei.

Gespräch 2

☐ Es ist hier echt super.
☐ Ja, es ist total cool hier.
☐ Ach, das ist ja schrecklich!
☐ Fürchte dich nicht!
☐ Du musst keine Angst haben!

12

10 Am Tag danach

a Was hat Kolja von der Nacht im Zelt erzählt? Sortiere die Sätze.

___ Aber dann, in der Nacht, da hat es geregnet. Total stark! Es hat geblitzt und gedonnert! Und der Wind!

___ Aber ich hab gesagt: „He, das geht vorbei, warten wir noch ein paar Minuten, und dann ist alles wieder gut." Und so war es auch.

_1_ Mensch, das war echt krass gestern. Wir waren am See und wir haben im Zelt geschlafen.

___ Am Abend haben wir dann ein Lagerfeuer gemacht und gegrillt, alles war super.

___ Und die Mädchen haben sich natürlich total gefürchtet, und Paul hatte auch Angst, der war ganz blass und still.

___ Das war ein Wind, ich sage dir, es war echt unheimlich. Das Zelt ist fast weggeflogen und alles war nass.

___ Zuerst war ja alles okay. Das Wetter war total schön, es war richtig warm. Wir sind geschwommen, es war cool.

b SMS-Sprache: Was heißen die Abkürzungen? Ordne zu.

Liebe Grüße!   Großes Grinsen!   Hab dich lieb!   Bis bald!   Alles Liebe!
Komme um 7 an.   Komme etwas später.   Warte auf schnelle Antwort!

hdl – Hab dich lieb!   al – _____   biba – _____

LG – _____   GG – _____   kes – _____

WasA – _____   Ku7an – _____

11 Was habt ihr im Freien erlebt?

 Wann warst du glücklich? Oder wann hast du dich gefürchtet? Schreib einen kurzen Text.

Ich war ... Jahre alt.

12 Wortakzent

 a Markiere den Wortakzent. Kontrolliere mit der CD.

wunderbar	wichtig	gemütlich	bequem	pünktlich
langweilig	unwichtig	genau	unbequem	möglich

b Hör noch einmal und sprich nach.

 c Markiere den Wortakzent. Kontrolliere mit der CD.

der Sport	der Sportler	die Sportlerin	sportlich	unsportlich
gesund	gesünder	am gesündesten	die Gesundheit	ungesund

d Hör noch einmal und sprich nach.

Wörter – Wörter – Wörter

13 Landschaften
Wo siehst du das auf der Zeichnung? Ordne die Wörter mit Linien zu.

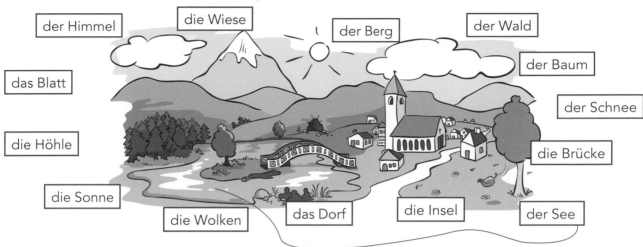

der Himmel · die Wiese · der Berg · der Wald · der Baum · das Blatt · der Schnee · die Höhle · die Brücke · die Sonne · die Wolken · das Dorf · die Insel · der See

14 Aktivitäten in der Natur

a Verbinde die Silben. Schreib die Wörter. Es sind 9 Verben.

> fau • gril • ~~len~~ • lau • rei • len • klet • cam • ~~zen~~ • wan • tern • schwim
> pen • fen • dern • se • men • geln • ten

faulenzen _____   _____   _____

_____   _____   _____

_____   _____   _____

b Ein Wort passt nicht. Streich durch.

1. Bergtouren machen – Mountainbike fahren – ein Gewitter kommen – klettern gehen
2. einen Spaziergang machen – sich sonnen – trainieren – faulenzen
3. auf der Wiese liegen – Würstchen grillen – Picknick machen – im Stall arbeiten
4. das Zelt aufstellen – auf dem Reiterhof jobben – am Lagerfeuer sitzen – im Zelt schlafen

15 Das Wetter

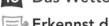

Erkennst du die Wörter und Ausdrücke in der Wortschlange? Schreib sie ins Heft.

DASWETTERDIESONNESCHEINTDERWINDESISTWINDIGDIEWOLKEESREGNETDERREGENDER
SCHNEEESSCHNEITDASGEWITTERESBLITZTESDONNERT

das Wetter, die Sonne scheint,

16 Meine Wörter
Welche Wörter, Ausdrücke oder Sätze sind für dich wichtig? Schreib auf.

_____

 **Hören**

49

Du hörst ein Gespräch zwischen zwei Jugendlichen.
Zu dem Gespräch gibt es Aufgaben. Kreuze an: richtig oder falsch.
Du hörst das Gespräch **in zwei Teilen**.
Du hörst jeden Teil **zweimal**.

Lies die Sätze 1 bis 5.

1 Jonas hat eine schlechte Note. | richtig | *falsch*

2 Sonja und Jonas sind in einer Klasse. | richtig | *falsch*

3 Der Lehrer hat Jonas angerufen. | richtig | *falsch*

4 Die Schule hat kein Geld für die Klassenfahrt. | richtig | *falsch*

5 Sonja denkt, die Eltern können alles bezahlen. | richtig | *falsch*

Jetzt hörst du den **ersten Teil** des Gesprächs.

Du hörst den ersten Teil des Gesprächs **noch einmal**.
Markiere **dann** für die Sätze 1 bis 5: richtig oder falsch.

Lies die Sätze 6 bis 11.

6 Alle Schüler können Sachen auf dem Flohmarkt verkaufen. | richtig | *falsch*

7 Sie wollen den Flohmarkt auf dem Sportfest machen. | richtig | *falsch*

8 Sie bitten den Direktor um Hilfe. | richtig | *falsch*

9 Morgen sprechen sie mit der Klasse. | richtig | *falsch*

10 Die Eltern dürfen nichts von ihrem Plan wissen. | richtig | *falsch*

11 Sonjas Eltern haben auch noch Ideen. | richtig | *falsch*

Jetzt hörst du den **zweiten Teil** des Gesprächs.

Du hörst den zweiten Teil des Gesprächs **noch einmal**.
Markiere **dann** für die Sätze 6 bis 11: richtig oder falsch.

Lesen

In einer deutschen Jugendzeitschrift findest du diesen Artikel.

Jung und erfolgreich

Sven K. hatte schon immer viele Ideen, aber jetzt bringt ihm seine neueste Idee auch Geld. Sein eigenes Taschengeld war für ihn nämlich nicht genug und er hat überlegt, wie er etwas verdienen kann. Weil der Siebzehnjährige auch ein richtiger Computerfan ist und gerne auf Flohmärkte geht, hat er schnell seine neue Geschäftsidee gefunden: ein Internet-Flohmarkt!

Die Idee ist vielleicht nicht so neu, aber Svens Seite im Internet ist ganz speziell: Sie ist nämlich nur für Jugendliche, und so kann man hier nur Sachen kaufen und verkaufen, die für Jugendliche interessant sind, wie Musik, Computerspiele, Sportsachen und Bücher, aber auch Schulsachen und Kleidung.

Den Internet-Flohmarkt gibt es jetzt seit fast einem Jahr und er ist schon sehr erfolgreich. Wahrscheinlich ist das so, weil er für Käufer und Verkäufer kostenlos ist. Aber wie verdient Sven Geld mit seiner Webseite und was macht er damit? Sven erklärt: „Also, ich bekomme Geld, weil es auf der Seite Werbung gibt. Nicht viel, und die Anzeigen sind auch nicht teuer. Aber viele wollen bei mir Werbung machen, weil viele Jugendliche meine Webseite besuchen und die Anzeigen sehen. Bei mir kann man also gut Werbung machen! Und ich verdiene etwas! Was ich mit dem Geld mache? Na, ich kaufe selber wieder etwas auf meinem Flohmarkt – was sonst!"

Antworte auf die Fragen 1 bis 4 mit wenigen Wörtern.

Beispiel

0 Wie alt ist Sven?

Siebzehn Jahre

1 Warum wollte Sven Geld verdienen?

_____

2 Wer kann auf seiner Webseite etwas verkaufen?

_____

3 Wie verdient Sven Geld?

_____

4 Warum ist die Webseite beliebt für Werbung?

_____

Schreiben

Du liest diese Anzeige.

Die Welt – ein Dorf

Für ein Internetprojekt suchen wir Jugendliche aus der ganzen Welt. Wir machen eine Webseite für euch. Hier könnt ihr:

» neue Freunde finden «   » mit anderen diskutieren «   » Musik und Videos austauschen «
» Tipps für Reisen bekommen «   » und vieles mehr! «

Was müsst ihr machen?
Meldet euch auf unserer Webseite an und schon könnt ihr Mails schicken. Beschreibt euch, eure Stadt, eure Hobbys und euren Alltag in einem Brief auf Deutsch!

Unsere Adresse: www.dieweltindorf.de

Antworte bitte mit einem **Brief** (mindestens 50 Wörter).
Schreibe **zu jedem Punkt** bitte ein bis zwei **Sätze**.

1 Stell dich vor (Name, Alter, Adresse, Schule).

2 Was sind deine Hobbys?

3 Was kann man in deiner Stadt sehen?

4 Was interessiert dich an dem Internetprojekt? Warum?

_____

_____

_____

_____

_____

_____

_____

_____

_____

Sprechen

Auf eine vorgegebene Situation sprachlich reagieren.

Beispiel

„Hier ist dein neues Regal. Wohin soll ich es stellen?"

Cool und fit?

1 Robbie früher und jetzt
Was passt? Kreuze an.

1. Robbies Hose passt ihm nicht. Sie ist …
   - A zu cool.
   - B zu blöd.
   - ☒ zu lang.

2. Robbie hat keine kurzen Haare mehr. Er hat jetzt …
   - A blonde Haare.
   - B Rastalocken.
   - C Mozartlocken.

3. Robbie trägt …
   - A seine Sonnenbrille.
   - B einen zu kurzen Pullover.
   - C weite Hosen.

4. Robbie findet, er sieht richtig …
   - A cool aus.
   - B komisch aus.
   - C peinlich aus.

2 Der Streit
Was findet Robbie doof? Was findet Nadja doof? Ordne zu.

1. Nadja mag keinen Reggae. Sie findet
2. Robbie findet Nadjas Fingernägel furchtbar,
3. Robbie sagt, dass Nadja, Pia, Anton und Kolja
4. Robbies Frisur sieht schrecklich aus, weil
5. Robbie findet, dass Nadja
6. Nadja mag Robbies Kleidung nicht. Sie findet

A denn sie sind lila.
B Robbie sich nicht kämmt.
C kaputte Jeans uncool.
D unnatürlich aussieht.
E Robbies Musik unerträglich.
F keine Ahnung von Musik haben.

3 Robbies Brief

a Lies Martas Brief an Herrn Dr. Winter. Was ist richtig, was falsch? Kreuze an.

> Lieber Herr Dr. Winter,
> Claudia ist meine beste Freundin. Aber seit zwei Wochen hat sie nach der Schule keine Zeit mehr für mich. In den Pausen ist sie mit anderen Mädchen zusammen. Sie sind alle geschminkt und tragen viel Schmuck. Gestern hatte Claudia plötzlich blonde Haare und eine neue Frisur. Eigentlich hat sie braune Haare. Ich finde, das passt nicht zu ihr, und ich habe ihr gesagt, dass sie komisch aussieht. Sie war total genervt und hat gesagt: „Du verstehst das nicht, außerdem bist du uncool." Dann hat sie nicht mehr mit mir geredet. Deshalb bin ich traurig. Ich glaube, die anderen Mädchen sind jetzt ihre besten Freundinnen, weil sie Markenklamotten tragen. Claudia ist so arrogant! Trotzdem möchte ich, dass sie meine Freundin bleibt. Was kann ich nur machen?
> Bitte antworten Sie schnell! Marta

	richtig	falsch
1. Martas beste Freundin heißt Claudia.	☒	☐
2. Claudia hat eine neue Haarfarbe. Jetzt sind ihre Haare blond.	☐	☐
3. Marta findet, dass braune Haare nicht so gut zu Claudia passen.	☐	☐
4. Claudia war genervt, weil Marta die neuen Freundinnen nicht mag.	☐	☐
5. Marta will nicht mehr Claudias Freundin sein, weil Claudia arrogant ist.	☐	☐

b Verbinde die Sätze mit *denn, und, aber* oder *oder*.

1. Marta schreibt einen Brief an Dr. Winter. Sie hat ein Problem.

   Marta schreibt einen Brief an Dr. Winter, denn sie hat ein Problem.

2. Claudias neue Freundinnen sind geschminkt. Sie tragen coole Markenklamotten.

   _____

3. Marta möchte Claudias Freundin bleiben. Sie weiß nicht, was sie machen kann.

   _____

4. Marta ist Claudias beste Freundin. Claudia redet nicht mehr mit ihr.

   _____

5. Marta ist traurig. Claudia ist in den Pausen mit anderen Mädchen zusammen.

   _____

6. Marta kann mit Claudia über das Problem reden. Sie kann sich neue Freundinnen suchen.

   _____

 c Verschiedene Meinungen über Leserbriefe. Ergänze die Sätze im Heft. Der Kasten hilft.

> immer alle Leserbriefe in einer Zeitschrift lesen • keine Antwort bekommen haben •
> ~~manchmal bei Problemen Hilfe brauchen~~ • die Antworten sind meistens wirklich doof •
> bei Problemen gute Tipps geben können

1. Leserbriefe schreiben ist toll, denn …

2. Ich habe einmal einen Leserbrief geschrieben, aber …

3. Leserbriefe schreiben finde ich peinlich, trotzdem …

4. Dr. Winter ist Psychologe, deshalb …

5. Leserbriefe in Zeitschriften sind langweilig und …

> *1. Leserbriefe schreiben ist toll, denn manchmal braucht man bei Problemen Hilfe.*

4 Das Veränderungsspiel

 Beschreib Marias Aussehen früher und heute. Was ist jetzt anders? Schreib Sätze mit *und* und *außerdem*. Der Kasten hilft.

> Haare anders • nicht geschminkt
> lange Haare • kein Schmuck
> sportliche Kleidung
> viel Schmuck • schicke Kleidung
> geschminkt • sportlich

> *Früher:*
> *Maria hatte lange Haare. Außerdem …*

> *Heute:*
> *Marias Haare sind jetzt anders und …*

5 Parkour

Lies noch einmal den Text im Kursbuch S. 100. Richtig oder falsch? Kreuze an.

	richtig	falsch
1. Parkour ist ein Sport aus Spanien.	☐	☒
2. Thomas und Raffael sind schon drei Jahre Traceure.	☐	☐
3. Raffael geht gerne auf Wettkämpfe, weil er ein guter Traceur ist.	☐	☐
4. Wenn man nicht fit ist, muss man in der Halle trainieren.	☐	☐
5. Man muss vorsichtig sein, wenn es draußen nass ist.	☐	☐
6. Parkour kann man dienstags um 18 Uhr im Laagberg-Gymnasium ausprobieren.	☐	☐

6 Leidenschaften

a Lies die E-Mail von Bettina und ergänze *weil*, *wenn* und *dass*.

Hallo Vincent,

du willst, _dass_ ich dir von meinen Hobbys erzähle? Also, meine Leidenschaft ist

Steine sammeln. Ich liebe Steine, _____ (1) es sie überall auf der Welt gibt, aber

kein Stein sieht so aus wie der andere. Ich freue mich immer, _____ (2) ich einen

besonders schönen Stein finde. Ich glaube, _____ (3) ich schon über 1000 Steine

gesammelt habe. Genau weiß ich das nicht, _____ (4) es so viele sind. Meine Eltern

wollen nicht, _____ (5) alle Steine in meinem Zimmer sind. Die meisten liegen in

der Garage. Vielleicht kann ich dir bald Fotos schicken, _____ (6) mein Bruder mir

seine Kamera leiht.

Also bis dann und schreib bald zurück!
Bettina

b Was gehört zusammen? Verbinde Haupt- und Nebensätze und wähle das passende Verb.

1. Bettina schreibt die Mail,
2. Bettinas Eltern finden es gut,
3. Bettina glaubt,
4. Bettina ist immer sehr glücklich,
5. Bettina weiß nicht, wie viele Steine sie hat,

dass Bettina die Steine in die Garage …
weil Vincent nach Bettinas Hobbys …
weil sie die Steine nicht …
wenn sie einen schönen Stein …
dass sie schon 1000 Steine …

sammeln
fragen
finden
bringen
zählen

c Schreib die Sätze mit den Nebensätzen im Perfekt ins Heft.

1. Bettina schreibt die Mail, weil Vincent nach Bettinas Hobbys gefragt hat.

d Bring die Sätze in die richtige Reihenfolge.

1. freue / Ich / mich / , / dass / viel draußen sein / ich / kann / beim Parkour / .

   Ich freue mich, dass ich beim Parkour viel draußen sein kann.

2. faul sein / Man / darf / nicht / , / wenn / gewinnen / Wettkämpfe / will / man / .

   _____

3. Meine Leidenschaft / Musik / ist / , / weil / sehr gut / ich / kann / Gitarre spielen / .

   _____

4. Ich / es / super / finde / , / dass / bald / alleine / darf / reisen / ich / .

   _____

7 Notruf 112

a Ergänze den Dialog.

> Operation • gebrochen • ~~Hand~~ • Verband • Fleck • Rezept • Schmerztabletten
> Rücken • verletzt • Apotheke

● Was ist mit meiner _Hand_ ? Ist sie _____ (1)?

○ Nein. Deine Hand ist nur leicht _____ (2). Das ist nicht schlimm. Du

   bekommst ein _____ (3) für eine Salbe und _____ (4).

   Geh mit dem Rezept zur _____ (5).

● Dann brauche ich keine _____ (6) und kann heute wieder nach Hause?

○ Ja, aber zuerst bekommst du einen _____ (7).

● Mein _____ (8) tut übrigens auch weh.

○ Keine Sorge. Das wird nur ein großer blauer _____ (9). Das ist alles.

b Hör den Dialog zur Kontrolle.

50

8 Aber der Arzt hat gesagt …

a Welche Form ist richtig? Kreuze an.

1. Ich bin verletzt. Ich [X] soll ☐ sollt mich nicht so viel bewegen.
2. Raffael ☐ sollt ☐ soll zwei Wochen nicht zum Training gehen.
3. Traceure ☐ soll ☐ sollen bei Regen in der Halle trainieren.
4. ☐ Sollst ☐ Sollt du mehr Gemüse essen? –

   Nein, aber ich ☐ sollen ☐ soll mehr Sport machen.
5. ☐ Sollt ☐ Sollen ihr nicht euer Zimmer aufräumen? – Wir sind schon

   fertig!
6. Wir ☐ soll ☐ sollen jeden Tag 20 Minuten Mathe lernen.

	sollen
ich	
du	
er/es/sie	soll
wir	
ihr	sollt
sie/Sie	

b Ergänze die Formen von *sollen* in der Tabelle. Übung 8a hilft.

9 Haben Sie ein Rezept?

a Was passt nicht? Streich durch.

A	B	C	D
1. der Unfall	1. die Frisur	1. das Rezept	1. die Anmeldung
2. ~~geschminkt~~	2. die Grippe	2. der Krankenwagen	2. die Versichertenkarte
3. verletzt	3. der Hustensaft	3. die Salbe	3. die Markenkleidung

b Sortiere den Dialog und schreib ihn richtig ins Heft.

☐ Sind die Medikamente teuer?

☐ Ah, du brauchst eine Salbe und
Schmerztabletten. Einen Moment, bitte.

[1] Guten Tag. Was kann ich für dich tun?

☐ Auf Wiedersehen – und gute Besserung!

☐ Guten Tag, ich habe hier ein Rezept.

☐ Nein. Kinder und Jugendliche müssen
nichts bezahlen.

☐ Super. Auf Wiedersehen.

10 Pech gehabt!

Was ist mit Anton passiert? Ordne die Bilder zu. Schreib die Geschichte ins Heft.

1   2   3   4

das Bein gebrochen sein ___ • Zirkustraining haben _1_ • die Übung sehr schwer sein ___

am Kopf verletzt sein ___ • das Bein röntgen ___ • über das Geländer stürzen ___

jonglieren üben ___ • Besuch bekommen ___ • ein Geschenk mitbringen ___

einen Verband bekommen ___ • einen Unfall haben ___ • die Treppe runterfahren ___

Anton hatte gestern Zirkustraining. Er hat ...

11 Wortakzent

a Was ist betont? Unterstreiche.

<u>An</u>meldung   Pflaster   Geländer   Hausarzt   Beruf   Erfahrung   Geschenk

Rezept   Wettkampf   Verspätung   Operation   Wartezimmer

b Hör zur Kontrolle und sprich dann nach.
51

Wörter – Wörter – Wörter

12 Wie siehst du denn aus?

Wie viele Wörter zum Thema Aussehen findest du? Schreib sie in dein Heft. Ergänze, wo nötig, den Artikel.

DRFINGERNÄGELHARBLONDJUPIGESCHMINKTCHASRASTALOCKENKÖFRISURGÖLAK

UNNATÜRLICHPEZIHÄSSLICHNURPEINLICHOSCHICKKLIMPSCHMUCK

die Fingernägel,

13 Unfall-Rätsel
Ergänze die Wörter. Wie heißt das Lösungswort?

1. „112" ist die Telefonnummer für den ... _ _ _ _ _ _ _

2. Wenn der Unfall sehr schlimm war, braucht man eine ... O P E R A T I O N

3. Man bekommt es, wenn z. B. der Arm verletzt ist. _ _ _ _ _ _ _ _

4. Man kann sie nehmen, wenn es sehr weh tut. _ _ _ _ _ _ _ _ _ _ _ _ _ _ _ _ _

5. Der Arm ist sehr stark verletzt. Er ist ... _ _ _ _ _ _ _ _ _ _

6. Der Arzt macht ein „Foto". Dann kann er die Verletzung genau sehen. _ _ _ _ _ _ _ _

Das Lösungswort heißt: _ _ _ _ _ _ _ _ _ _ _ _ _

14 Krank und verletzt

a Was passt wo? Ordne zu und ergänze die Artikel.

> Verband • ~~Krankenhaus~~ • Pflaster • Rückenschmerzen • Hausarzt • Salbe
> Apotheke • Hustensaft • Fieber • Medikamente • Grippe • Fuß gebrochen

Hier bekommt man Hilfe, wenn man krank ist.	Krankheiten und Verletzungen	Das braucht man, wenn man krank oder verletzt ist.
das Krankenhaus,		

b Wie heißen die Wörter? Sortiere.

{stunde} {Apo} {ken} {karte} {Sprech} {Ver} {theke} {wagen} {sicherten} {Kran}

1. _____ 2. _____ 3. _____ 4. _____

15 Meine Wörter
Welche Wörter, Ausdrücke oder Sätze sind für dich wichtig? Schreib auf.

_____

14 Elektronische Freunde

1 **Was ist denn das?**
Ordne die Medien den Aktivitäten zu. Manche Medien passen mehr als einmal.

> das Handy • ~~das Radio~~ • das Telefon • der Computer • der Fernseher
> der Nintendo • der Plattenspieler • der Walkman • die Playstation

Musik hören	mit anderen sprechen	Nachrichten und Filme sehen	spielen
das Radio, ...			

2 **Medien in meiner Welt**

a **Was macht Eva mit Medien? Streich die falschen Verben durch und korrigiere. Die Verben im Kasten helfen.**

> hören • lesen • ~~schreiben~~ • sehen • spielen • sprechen

1. In der Pause ~~telefoniert~~ Eva gerne SMS. *schreibt*
2. Im Auto sieht sie gern Nintendo. _____
3. Am Computer hört sie gern eine DVD. _____
4. Mit ihrem MP3-Player liest sie Musik. _____
5. In der Zeitung spielt sie das Kinoprogramm. _____
6. Am Telefon liest sie mit ihrer Freundin. _____

b **Eva erzählt. Wie sind die Zeitangaben richtig? Kreuze an.**

1. Das bin ich 1998 ☐ mit ☐ seit drei Jahren.
2. ☐ Seit ☐ Von wann kann ich lesen?
3. Lesen habe ich zwischen 2000 ☐ bis ☐ und 2002 in der Schule gelernt.
4. ☐ Bis ☐ Mit 5 Jahren habe ich meinen ersten Comic bekommen.
5. ☐ Seit ☐ Von 2000 habe ich über 500 Comics gesammelt und gelesen.
6. ☐ Bis ☐ Seit 3 Jahren habe ich einen Computer.
7. Jetzt surfe ich jeden Tag ☐ seit ☐ von 17 bis 19 Uhr im Internet.

c **Schreib deine Geschichte ins Heft. Benutze *mit, seit, zwischen ... und* und *von ... bis*.**

3 Medien im Alltag?

a Findest du 14 Wörter zum Thema Internet? Schreib die Substantive mit Artikel.

A	N	S	C	H	L	U	S	S	X	C	U	C	S
I	U	P	R	O	G	R	A	M	M	O	Q	H	K
N	R	I	W	T	G	I	O	U	P	M	O	A	Y
F	T	E	V	L	H	C	R	B	K	P	N	T	P
O	I	L	B	U	S	D	L	E	J	U	L	R	E
R	K	O	M	M	U	N	I	K	A	T	I	O	N
M	N	A	C	H	R	I	C	H	T	E	N	O	Z
A	I	W	D	B	F	E	E	O	Y	R	E	M	S
T	I	V	I	D	E	O	F	U	G	W	P	Ö	C
I	N	T	E	R	N	E	T	S	F	T	M	P	B
O	K	R	D	V	E	G	K	F	E	O	C	V	L
N	R	U	N	T	E	R	H	A	L	T	U	N	G

das Internet, das Spiel, ...

_____

_____

_____

_____

_____

_____

_____

_____

_____

b Was sagen die fünf Schüler zum Thema Internet? Was machen sie am Computer? Hör zu und kreuze an.

52

	am Computer spielen	Informationen suchen	Filme und Videos ansehen	Nachrichten schreiben, chatten
Lara	☐	☐	☐	☐
Felix	☐	☐	☐	☐
Nora	☐	☐	☐	☐
Josef	☐	☐	☐	☐
Carina	☐	☐	☐	☐

4 Internet bei uns
Schreib Fragen für ein Interview.

1. du / einen eigenen Computer / haben / ?　　_Hast du einen eigenen Computer?_

2. jeden Tag / du / online / sein / ?　　_____

3. im Internet / in deiner Familie / surfen / wer / am meisten / ?　　_____

4. du / im Internet / mit Freunden / chatten / ?　　_____

5. seit wann / du / im Internet / surfen / dürfen / ?　　_Seit wann ..._

6. im Internet / am liebsten / was / du / machen / ?　　_____

5 Handy-Sorgen

a Finde zu jedem Bild zwei passende Ausdrücke. Schreib sie unter das Bild.

> die Rechnung bekommen • guten Empfang haben • ~~das Handy abmelden~~
> das Handy aufladen • das Handy sperren • der Akku ist leer
> kein Guthaben mehr haben • keinen Empfang haben

1 2 3 4

das Handy abmelden, ... _____ _____ _____

_____ _____ _____ _____

_____

b Ergänze die Lücken. Nicht alle Wörter passen!

> gesagt • Handy • haben • hat • ihr • sein • Monat • nein • nicht
> schicken • ~~SMS~~ • telefoniert • Woche

Pia hat Nadja drei ___SMS___ (1) geschickt. Aber Nadja hat _____ (2) geantwortet.

Sie konnte keine SMS _____ (3) oder telefonieren. Nadjas Papa hat ihr _____ (4)

gesperrt, weil Nadja zu viel _____ (5) und zu viele SMS geschickt _____ (6).

Nadja muss bis zum nächsten _____ (7) warten. Dann kann sie _____ (8) Handy

wieder benutzen.

c Was durfte man machen, was nicht? Ergänze die Sätze.

im Bus   mit 6 Jahren   im Unterricht   auf dem Schulhof   auf der Straße

1. ich   _Im Bus durfte ich nicht_ essen.

2. Lisa   _Mit 6 Jahren ..._____ Cola trinken, aber ich nicht.

3. die Schüler _____ mit dem Handy telefonieren.

4. wir   _____ Fahrrad fahren.

5. Tom und Max _____ Skateboard fahren.

6 Da ist mir was passiert!
Was passt: *können, wollen* oder *müssen*? Ergänze die richtigen Formen im Präteritum.

1. Ich war bei meinem Freund Peer. Ich _____ dringend telefonieren, aber der Akku war

leer.   2. Ich _____ das Handy von Peer nehmen.   3. Aber ich _____ nicht

telefonieren, weil Peer kein Guthaben mehr hatte.   4. Also _____ wir mit dem Computer

skypen.   5. Aber wir _____ das Programm nicht öffnen. So ein Mist!   6. Deshalb

_____ ich schnell nach Hause fahren.   7. Aber ich _____ nicht: Mein Fahrrad

hatte einen Platten.

7 Das tut man nicht!

a Familie Knigge beim Abendessen. Schreib fünf höfliche Bitten.

> das Brot geben • die Serviette nehmen • das Dessert holen • still sitzen • leise essen

1. *Könntest du mir das Brot geben?*
2. *Könntet ihr ...*
3. _____
4. _____
5. _____

b Jemanden auffordern: Schreib Sätze mit Imperativ.

1. Leon, Tür zumachen, bitte!   *Leon, mach bitte die Tür zu!*
2. Alle leise sein, bitte!   *Seid bitte*
3. Tina und Matti, reinkommen! _____
4. Matti, die Schuhe ausziehen! _____
5. Tina, ins Bett gehen! _____
6. Leon und Sam, aufhören! _____

8 Betonung in Aufforderungen

a Hör die Sätze. Achte auf die Betonung! Kreuze an: freundlich oder unfreundlich?

53

	freundlich	unfreundlich
1. Telefonier bitte draußen!	☐	☒
2. Könntest du bitte draußen telefonieren?	☐	☐
3. Ruf mich morgen noch mal an!	☐	☐
4. Kannst du mich morgen noch mal anrufen?	☐	☐
5. Sprecht bitte leiser!	☐	☐
6. Könntet ihr bitte leiser sprechen?	☐	☐

b Ordne die Sätze von höflich bis unhöflich. Kontrolliere mit der CD.

54

> Kannst du aufhören? • Aufhören! • Hör auf, bitte! • Hör endlich auf!
> Hörst du bitte auf? • Könntest du bitte aufhören?

sehr höflich	*Könntest du bitte aufhören?*					sehr unhöflich

9 Gesucht

a Ordne die Anzeigen.

Anzeige 1

____ Nicht zu teuer. Und einen Sänger!

_1_ Wir suchen einen Raum zum Proben.

____ Mail an rock_frontmen@gmx.de; SMS 0172/37563124

____ Wenn du einen Raum hast und noch dazu singen kannst, dann bist du total richtig.

Anzeige 2

____ Hanna.Berger@chello.de

____ Alle Bücher von Lemony Snicket haben mir gut gefallen.

____ Oder leihst du mir ein paar Bücher?

____ Ich passe gut auf und gebe sie dir schnell zurück.

____ Oder auch „Tintenherz" von Cornelia Funke. Gibst du mir ein paar Buchtipps?

b Schreib zwei Antworten in dein Heft. Die Kästen helfen.

> Bücher von Christine Nöstlinger
> nicht verkaufen, aber leihen
> gut aufpassen müssen
> Adresse: gurkenkönig@chello.at

> ein guter Sänger sein
> auch Gitarre spielen
> leider keinen Raum haben
> anrufen oder SMS an Susi, 0712/3671913

> Ich habe Bücher von ...

10 Tauschen in der Klasse

a mir, dir ... Schreib Sätze mit Dativ und Akkusativ.

1. Ich lese gern. (ein paar Bücher?)   Kannst du __mir__ __ein paar Bücher__ leihen?
2. Magst du Musik? (meine CDs)   Ich verkaufe ____ __meine CDs__ .
3. Ich suche ein Geschenk. (ein Tipp?)   Kannst du ____ _____ geben?
4. Eva möchte zur Party kommen. (der Weg?)   Kannst du ____ _____ erklären?
5. Alex hat kein Geld. (eine Kinokarte)   Ich kaufe ____ _____ .

b Ergänze die Sätze. Der Kasten hilft.

1. Unsere Oma hat __uns__ Geschichten vorgelesen. Hat deine Oma _____ auch Geschichten vorgelesen?   2. Meine Lehrerin hat _____ die Regeln gut erklärt. Und eure Lehrerin? Hat sie _____ auch die Regeln erklärt?   3. Tina und Matti haben Geburtstag. Die Freunde schenken _____ Konzertkarten.

> euch
> dir
> ihnen
> mir
> ~~uns~~

Wörter – Wörter – Wörter

11 Medien und Aktivitäten

a Was gehört zusammen? Bilde Wörter und notiere den Artikel.

~~Bild~~ | di | ~~Fern~~ | fon | er | ~~Kas~~ | le | ler | ø

~~Plat~~ | ~~Ra~~ | schirm | seh | set | spie | Te | te | ten

1. _das_ _Radio_   3. _____ _Fern_   5. _____ _Plat_
2. _____ _Te_   4. _____ _Kas_   6. _____ _Bild_

b Was passt? Kreuze an.

1. Von 17 bis 18 Uhr surfe ich ☐ mit dem Plattenspieler ☐ mit dem Computer   im Internet.

2. Seit 3 Jahren telefoniere ich ☐ mit dem MP3-Player ☐ mit dem Handy   und schicke SMS.

3. Meine Oma hat früher ☐ mit dem Plattenspieler ☐ mit dem Telefon   Musik gehört.

4. Seit 1998 sehe ich ☐ mit dem Fernseher ☐ mit dem Telefon   Videos und Filme an.

12 Handy-Ausdrücke

Was kann mit dem Handy passieren? Ordne zu.

1. _C_ der Akku   A vergessen   4. ___ keinen Empfang   A im Unterricht

2. ___ die PIN   B falsch schicken   5. ___ das Handy   B haben

3. ___ eine SMS   C ist leer   6. ___ es klingelt   C verwechseln

13 Verben mit Dativ

Ergänze die Verben in der richtigen Form. Wie heißt das Lösungswort?

erklären • erzählen • schenken • ~~schicken~~ • geben • leihen • helfen • mitbringen

1. Ich kann euch einen guten Tipp …   _ _ _ _ _ _

2. In der Bibliothek kann ich Bücher …   _ _ _ _ _ _

3. Was haben dir deine Eltern zu Weihnachten …?   _ _ _ _ _ _ _ _

4. Kannst du mir eine SMS …?   S C H I C K E N

5. Opa hat uns immer tolle Geschichten …   _ _ _ _ _ _ _

6. Wir haben ein Problem. Könnt ihr uns …?   _ _ _ _ _ _

7. Du gehst einkaufen? Kannst du mir einen Saft …?   _ _ _ _ _ _ _ _ _

8. Kannst du mir den Weg …?   _ _ _ _ _ _

14 Meine Wörter

Welche Wörter, Ausdrücke und Sätze sind für dich wichtig? Schreib auf.

_____

Nach der Schule

1 **Wie hat es dir gefallen?**

a Was passt nicht? Streich durch.

Friseur	Rastalocken – Haare färben – ~~Reifen wechseln~~ – Models stylen
Radiosender	Mikrofon – Nachrichten – moderieren – reparieren
Tierarzt	Hunde streicheln – Hunde kaufen – Spritzen geben – Medikament
Autowerkstatt	Automechaniker – Motorrad – Straßenbahn – Autoreifen

b Schreib Sätze über Nadjas, Pias, Robbies und Koljas Praktikum in dein Heft.

1. Nadja / ihr Praktikum / hat / gemacht / beim Friseur / .

2. geholfen / einer Tierärztin / Pia / hat / .

3. Robbie / viel Spaß / hatte / nicht / beim Radiosender / .

4. Kolja / in der Autowerkstatt / Reifen wechseln / nur / durfte / .

> *1. Nadja hat ihr Praktikum beim Friseur gemacht.*

c Lies den Text. Wo hat Anton sein Praktikum gemacht?

> Ich musste schon sehr früh aufstehen. Mein Praktikum hat um 7.00 Uhr begonnen. Ich habe den ganzen Tag gesungen, Geschichten gelesen, gespielt und mittags beim Kochen geholfen. Nachmittags war ich mit vielen Kindern im Garten. Es war anstrengend, aber ich hatte auch viel Spaß.
>
> Ich war im _ _ _ _ _ _ _ _ _ _ _ _.

2 **Pauls E-Mail**

a Ergänze die Lücken in Pias Mail an Paul.

Pause • um halb acht • Vormittag • ~~morgen~~ • vorgestern • Viertel nach elf • Arbeit • Minuten

Hallo Paul,

danke für deine Mail – ich freue mich schon, wenn du __morgen__ zurückkommst! Mein Prakti-

kumstag _____ (1) war auch toll. Die Arbeit hat früh morgens _____ (2)

angefangen. Am _____ (3) waren drei Hunde, ein Papagei und zwei Katzen in der

Praxis – es war ganz schön viel zu tun. Erst um _____ (4) hatte ich eine kurze Pause.

Um eins haben wir zusammen gegessen und die Tierärztin hat mir ganz viel über ihre

_____ (5) erzählt. Das waren die einzigen ruhigen _____ (6), denn bis

zum Abend haben wir ohne _____ (7) gearbeitet.

Also bis morgen :-)   Pia

b Was hast du gestern gemacht? Schreib die Sätze zu Ende.

1. Morgens um sieben *hat mein Wecker geklingelt.* _____

2. Um halb neun _____

3. Vor dem Mittagessen _____

4. Um Viertel vor drei _____

5. Am Nachmittag _____

6. Nach dem Abendessen _____

7. Von neun bis zehn _____

8. Und um _____ bin ich schlafen gegangen!

3 Ein besonderer Tag

Der Computer hat die Mails von Eva (A) und Christian (B) durcheinander gebracht. Sortiere und schreib die kompletten Mails in dein Heft.

☐☐ 1. … nachmittags Ausflüge mit dem Fahrrad gemacht und gestern habe ich endlich mein Mofa repariert.

☐☐ 2. Viele Grüße Eva

☐☐ 3. Abends waren wir in Restaurants essen und einmal durfte ich sogar nachts in die Disco.

☐☐ 4. So eine Woche zu Hause ist gar nicht schlecht: Ich bin erst um 10 Uhr aufgestanden und …

☐☐ 5. Sehen wir uns morgen? Hoffentlich :-) Dein Christian

☐☐ 6. Gestern bin ich zurückgekommen und morgen geht es wieder in die Schule.

☐☐ 7. Ich bin am Morgen im Meer geschwommen, habe von elf bis zwölf surfen gelernt und habe dann …

A 1 8. Lieber Christian, wie war deine letzte Ferienwoche zu Hause?

B 1 9. Liebe Eva, wie war es denn bei dir in Spanien?

☐☐ 10. … bis um 12 Uhr habe ich gelesen oder am Computer gespielt. Nach dem Mittagessen habe ich Freunde getroffen, wir haben …

☐☐ 11. … bis zum Abend am Strand gelegen.

☐☐ 12. In den Ferien war ich in Spanien – dort war es super:

Mail A:
Lieber Christian,
wie war deine letzte Ferienwoche zu Hause?

Mail B:
Liebe Eva,
wie war es denn bei dir in Spanien?

4 Zukunftsträume

a Ergänze die Lücken in Ritas und Leas Gespräch. Der Kasten hilft.

> helfen • lieben • schreiben • Talent • Schriftstellerin • Ausbildung
> Krankenschwester • Medizin

● Hallo Lea, was möchtest du denn später werden?

○ Hallo Rita. Also, du weißt doch, ich _____ Bücher und _____

  selbst Geschichten.

● Ja, das weiß ich. Und, willst du Journalistin werden?

○ Nein, nein, aber ich will schreiben. Deshalb werde ich _____.

● Coole Idee! Aber ich habe für diesen Brief leider kein _____.

○ Aber du hast doch bestimmt auch einen Zukunftstraum.

● Stimmt. Ich möchte gern _____ werden.

○ Und warum?

● Ich interessiere mich für _____ und möchte keine lange _____

  machen. Außerdem möchte ich anderen Leuten _____.

b Wie heißt es richtig? Ergänze _werden_ in der passenden Form.

1. Thilo möchte später Arzt _werden_.

2. Ich glaube, ich _____ lieber Ingenieur wie mein Vater.

3. Hast du dich endlich entschieden? Was _____ du denn?

4. Mein Freund und ich _____ beide Journalisten.

5. Unsere Freundinnen haben gesagt: Ihr _____ Musiker und wir _____ Sängerinnen.

6. Mein Bruder _____ Fußballer und meine Schwester _____ Lehrerin.

   Und ich – ich _____ Banker.

5 Berufswahl begründen
Wer wird was – und warum? Schreib Sätze mit _also_ über die Berufe.

1. Nadja – Mode und Aussehen interessant finden

   Nadja findet Mode und Aussehen interessant, also möchte sie vielleicht Friseurin werden.

2. Pia – Tiere lieben

   _____

3. Robbie – gern Gitarre spielen

   _____

4. Kolja – gut Sachen reparieren können

   _____

5. Anton – Talent für Zaubertricks haben

   _____

Friseurin
Zauberer
Automechaniker
Tierärztin
Musiker

6 Dein Zukunftstraum

a Hör das Gespräch von Robbie und Anton. Was möchten sie werden? Warum?
Notiere die Antworten in Stichpunkten.

55

Robbie: *vielleicht Musiker,* _____

Anton: _____

b Schreib einen Text über Robbies und Antons Zukunftsträume in dein Heft.

> *Robbie findet, dass Musiker ein toller Beruf ist, weil ...*

7 Lisa im Verlag

a Was macht Lisas Kollege Georg? Schreib Sätze ins Heft. Die Wörter helfen.

| gehen –
Haus | kommen –
Büro | sitzen –
Computer | gehen –
Kantine –
Kollegen | stehen –
Kopierer | warten –
Haltestelle |

> *Georg geht um Viertel vor acht aus dem Haus. / Um 7.45 geht Georg aus dem Haus.*

b Wo oder wohin? Kreuze jeweils die passende Form an.

1. Lisa stellt das Fahrrad ☐ vor dem ☐ vor das Bürogebäude.

2. Sie kauft sich einen Kaffee ☐ in der ☐ in die Kantine.

3. Danach geht sie ☐ in ihrem ☐ in ihr Büro.

4. Sie stellt ihren Kaffee ☐ auf dem ☐ auf den Tisch.

5. Beim Mittagessen setzt sie sich ☐ neben ihrem ☐ neben ihren Chef.

6. Sie sitzt ☐ zwischen ihrem ☐ zwischen ihren Chef und der neuen Kollegin.

7. Am Nachmittag arbeitet sie die ganze Zeit ☐ am ☐ an den Computer.

8 Tu, was wir sagen!
Anton will Plato trainieren. Schreib seine Befehle auf.

1. springen – über – der Stuhl   *Spring über den Stuhl!* _____

2. laufen – zu – Schrank _____

3. gehen – hinter – Tür _____

4. tanzen – vor – Regal _____

5. springen – auf – Bett _____

9 Nicht wie alle anderen

a Lies Janas Mail an ihren Brieffreund Nick. Unterstreiche die typischen Berufe für Jungen und Mädchen in Deutschland. Was ist ihnen wichtig für die Berufswahl?

Hallo Nick,
heute war es echt interessant in der Schule. Unser Lehrer hat von den typischen Berufen für Mädchen und Jungen erzählt. In Deutschland wollen die meisten Mädchen gern im Büro arbeiten oder als Arzthelferin oder Friseurin. Aber ich möchte gern Architektin werden! Der Traumberuf für Jungen ist Automechaniker. Aber an sechster Stelle ist Koch – bei den Jungen! Ist das in deinem Land auch so?
Danach haben wir über die Berufswahl in unserer Klasse gesprochen. Für die Mädchen in meiner Klasse sind verschiedene Dinge wichtig: Spaß, genug Freizeit und dass sie gut verdienen. Bei den Jungen war das ziemlich ähnlich, aber ihnen war das Geld am wichtigsten. Wissen die denn nicht, dass Geld nicht glücklich macht :-)?
Was ist dir denn am wichtigsten? Und was möchtest du werden?
Schreib mir bald!
Jana

---

b Schreib eine Mail an Jana. Erzähl von der Umfrage in deiner Klasse und von deinem Berufswunsch.

10 Girls Day
Weißt du noch alles über den Girls Day? Was ist richtig, was falsch? Kreuze an.

	richtig	falsch
1. Den Girls Day gibt es nur für Mädchen.	☒	☐
2. An allen Donnerstagen im April ist Girls Day.	☐	☐
3. Mädchen haben in technischen Fächern oft nicht so gute Noten.	☐	☐
4. Viele Mädchen wählen typische Frauenberufe.	☐	☐
5. Männerberufe kann man am Girls Day nicht kennenlernen.	☐	☐
6. Am Girls Day nehmen 90 % Mädchen teil.	☐	☐

11 Satzmelodie

a Hör die Sätze und notiere: Geht die Satzmelodie am Satzende nach oben ↑, nach unten ↓ oder bleibt sie gleich →?

56

1. ↓ 2. ___ 3. ___ 4. ___ 5. ___ 6. ___ 7. ___ 8. ___

b Hör den Dialog und markiere in den Zeilen die Satzmelodie mit ↑, ↓, →.

57

● Hallo Paul, wie war's? ___(1)   ○ Es war echt toll ... ___(2)   ● Du klingst so komisch. Stimmt das wirklich? ___(3)   ○ Ach, ohne euch ist alles doof! ___(4)   ● Na, jetzt bist du ja wieder da. ___(5)   ○ Und, was machen wir heute? ___(6)   ● Wir treffen uns alle zuerst bei Nadja ___(7)   und dann wollen wir in den Park gehen. ___(8)

Wörter – Wörter – Wörter

12 Berufe raten

a Erkennst du die Berufe? Ergänze.

1. Elek*tri*ker 2. Jo__na__st 3. Ar__te__tin 4. K_ank__schwe__er 5. Aut_m_chan__er

b Welcher Beruf passt? Ergänze die Lücken.

1. Ein _Architekt_____ plant und baut Häuser.

2. Ein _____ hat täglich mit viel Geld zu tun.

3. Eine _____ arbeitet in der Schule und unterrichtet dort.

4. Eine _____ kann man im Theater oder in Filmen sehen.

5. Ein _____ hat Medizin studiert. Er arbeitet im Krankenhaus oder in einer Praxis.

13 In der Arbeit
Was es in einem Büro alles gibt! Findest du alle Antworten?

Er ist die wichtigste Person im Büro.   ▢ _ _ _ _ _

Sie arbeitet im selben Büro und man kann sich helfen.   _ ▢ _ _ _ _ _ _

Zu dieser Zeit isst man in der Kantine.   ▢ _ _ _ _ _ _

Mehrere Kollegen treffen sich und sprechen zusammen.   _ _ _ _ _ _ ▢ _ _ _ _ _ _ _

Mit diesem Gerät kann man Texte drucken.   _ _ _ ▢ _ _ _ _

Jeder hat es, nicht nur im Büro. Es hat einen Hörer und eine Tastatur.   ▢ _ _ _ _ _ _ _

Wir brauchen sie alle, zum Beispiel zum Kaffeetrinken.   _ _ _ _ ▢ _

Damit kann man Kopien machen.   _ _ _ _ _ _ ▢ _

Das Lösungswort heißt: _____

14 Bitte genauer!

 Wähle einen Satzteil aus jeder Kugel.
Schreib acht Sätze ins Heft.

ich
er
wir
ihr

arbeiten
spielen essen
telefonieren
schlafen
faulenzen

bis acht Uhr
vorgestern
vor dem Abendessen
von drei bis fünf
am Wochenende

zu Hause
in der Schule
bei Freunden
auf dem Schulhof
auf der Straße

Ich schlafe am Wochenende bis acht Uhr.
Vorgestern hat er bis acht Uhr bei Freunden gearbeitet.

15 Meine Wörter
Welche Wörter, Ausdrücke oder Sätze sind für dich wichtig? Schreib auf.

_____

Finale

1 **Wiederholungsspiel**
Mach die Aufgaben auf den Feldern. Für jede richtige
Lösung bekommst du einen Punkt. Zähl am Ende
deine Punkte und lies die Auswertung.

START

1. Ergänze die richtige Form von *haben*
   und *sein*.
   Er _____ durch den Wald gejoggt.
   Ihr _____ mich nicht angerufen.
   Ich _____ spät ins Bett gegangen. ⟋3⟍

2. Ergänze die Verben im
   Perfekt: *mitbringen,
   telefonieren, sprechen.*
   Wir _____ Kuchen
   _____.
   Er _____ den ganzen
   Abend _____.
   Ihr _____ heute viel
   Deutsch _____. ⟋3⟍

7. Ergänze die Fragen.
   _____ Buch liest du? – „Tintentod".
   _____ Sport macht ihr gern? – Parkour.
   _____ Jacke gefällt dir? – Die blaue. ⟋3⟍

6. Ergänze die richtige Form von
   der, die, das.
   ● Wollen wir nach _____ Schule
     Computer spielen?
   ○ Geht nicht. Ich muss nach
     _____ Essen zum Zahnarzt. ⟋2⟍

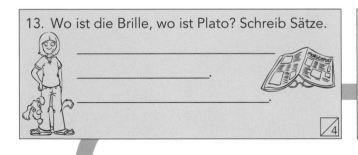

8. Ergänze die richtige Form von *mein, dein, …*
   ● Hast du m_____ Radiergummi weggenommen?
   ○ Ja, ich habe ihn in d_____ Tasche getan.
   ● Und wo ist Annas Brille?
   ○ Sie hat i_____ Brille auf der Nase. ⟋3⟍

13. Wo ist die Brille, wo ist Plato? Schreib Sätze.

   _____
   _____.
   _____. ⟋4⟍

12. Ergänze die Dativformen.
    Kannst du _____ (ich) dein Fahrrad leihen?
    Frau Müller gibt _____ (wir) sicher keine
    Hausaufgaben.
    Ich bringe _____ (du) eine Cola mit. ⟋3⟍

14. Ergänze *sondern, deshalb, trotzdem.*
    Ich liebe Angeln. _____ gehe ich heute zum See.
    Sie hat nicht gelernt. _____ weiß sie alles.
    Er geht heute nicht zum Training, _____ feiert
    seinen Geburtstag. ⟋3⟍

15. Frag indirekt.
    Wo ist mein Deutschbuch?
    Weißt du, wo _____
    _____
    Warum kommt Maria nicht?
    _____
    _____ ⟋4⟍

Du hast 48–53 Punkte: Fantastisch! Du bist Logisch!-König und darfst dich jetzt ausruhen.

Du hast 35–47 Punkte: Gut gemacht! Du hast viel gelernt. Mach eine Pause.

Du hast 25–34 Punkte: Du hast noch Schwierigkeiten. Wiederhole Übungen im Kurs- und Arbeitsbuch.

Du hast 0–24 Punkte: Du musst viel üben und wiederholen. Sprich mit deinem Lehrer.

3. Ergänze die richtige Form von *schnell*.

Boris kann _____ schwimmen als Leon.

Carsten kann genauso _____ schwimmen wie Leon. Aber Luis schwimmt am _____. /3

4. Ergänze die Endungen.

● Der schwarz___ Mantel gefällt mir sehr gut.

○ Echt? Ich finde die grau___ Jacke viel besser.

● Aber du wolltest doch ein schwarz___ Hemd kaufen. /3

5. Ergänze in der richtigen Form: *sich ärgern, sich langweilen, sich kämmen*

Nadja _____ _____ die Haare.

Ihr _____ _____, weil ihr eine Fünf geschrieben habt.

Ich _____ _____, weil niemand Zeit für mich hat. /3

10. Ergänze die Endungen.

Mit ein___ spannend___ Buch ist es nie langweilig.

Mit ein___ warm___ Jacke kann man im Winter lange draußen bleiben.

Mit gut___ Freunden kann man viel Spaß haben. /5

9. Ergänze *wenn, weil, dass*.

Ich bin im Krankenhaus, _____ ich einen Unfall hatte.

Der Arzt hat gesagt, _____ der Arm gebrochen ist.

Ich soll eine Tablette nehmen, _____ ich Schmerzen habe. /3

11. Ergänze die richtige Form von *hätte, würde, könnte*.

Wie bitte? _____ du etwas lauter sprechen?

Du bist krank? Also, ich _____ im Bett bleiben und Tee trinken.

Es ist so heiß! Ich _____ gern ein Eis. /3

16. *Denn* oder *also*?

Du bist krank, _____ bleibst du zu Hause im Bett.

Anne will Tierärztin werden, _____ sie liebt Tiere. /2

17. Ergänze *müssen, dürfen, wollen* im Präteritum.

● Wir _____ gestern ins Kino gehen.

○ Ich auch, aber ich _____ nicht.

Ich _____ wieder meiner Mutter im Garten helfen. /3

ZIEL

16

2 Ein Schuljahr in D-A-CH

a Erinnerst du dich? Wer ist das? Verbinde.

1. Tommy Haas

2. Phillip Lahm

3. Birgit Prinz

4. Sarah Connor

5. Diane Kruger

A ... hat als Model gearbeitet.

B ... hat schon mit 8 Jahren besser Fußball gespielt als die Jungen in der Klasse.

C ... hatte 2001 den ersten großen Erfolg.

D ... spielt seit 2004 in der Nationalmannschaft.

E ... hat schon mit 16 in der National-mannschaft gespielt.

F ... ist ein Tennisstar aus Hamburg.

G ... ist eine sehr erfolgreiche deutsche Sängerin.

H ... ist eine bekannte deutsche Schauspielerin.

I ... hatte schon mit 11 Jahren Erfolge im Sport.

J ... hat schon im Kindergarten Fußball gespielt.

b Markiere die richtigen Antworten.

1. An diesem Tag können Mädchen untypische Berufe für Frauen kennenlernen.
   - ☐ Technik Day
   - ☐ Girls Day
   - ☐ Traumberuf Day

2. An welchem Fluss liegt die Loreley?
   - ☐ An der Donau
   - ☐ An der Elbe
   - ☐ Am Rhein

3. In welchem See gibt es die höchste Wasserfontäne in Europa?
   - ☐ Im Genfersee
   - ☐ Im Wannsee
   - ☐ Im Bodensee

4. In welchem Dialekt sagt man „Griaß di!" und „Pfiat di!"?
   - ☐ St. Galler Dialekt
   - ☐ Sächsisch
   - ☐ Tirolerisch

5. Welche Stadt in D-A-CH hat über 3 Millionen Einwohner?
   - ☐ Wien
   - ☐ Berlin
   - ☐ Hamburg

6. „Drachenschwanz" ist der Name für ...
   - ☐ eine Märchenfigur im Rhein
   - ☐ Europas längste Holzbrücke
   - ☐ das Maskottchen vom 1. FC Köln

c Das D-A-CH-Städte-Quiz. Ergänze die richtige Stadt. Wie heißt das Lösungswort?

1. | I | N | N | S | B | R | U | C | K |

ö = oe, ü = ue

2.
3.
4.
5. | | | | G |
6.
7.
8.
9.

1. Das Wahrzeichen dieser Stadt ist ein 500 Jahre altes goldenes Dach.
2. Der Fußballverein dieser Stadt hat ein lebendiges Maskottchen. Es heißt Hennes.
3. Die Stadt hat den ältesten Zoo der Welt und ist die Hauptstadt von Österreich.
4. In dieser Stadt am Bodensee gibt es einen tollen Aussichtsturm und ein Schloss.
5. Die Stadt liegt in der Schweiz und in ihrer Bibliothek gibt es über 1000 Jahre alte Texte.
6. In dieser Stadt in Bayern ist das berühmte Deutsche Museum.
7. Die längste Brücke von Deutschland verbindet diese Stadt mit der Ostseeinsel Rügen.
8. Die Stadt ist berühmt für ihren Christstollen.
9. Diese Stadt hat 41 Jahre lang zu zwei Ländern gehört, zur BRD und zur DDR.

Lösungswort: Das können fast alle jungen Leute in Österreich: _____

d Sehenswürdigkeiten in D-A-CH. Ordne die Städte und Sehenswürdigkeiten zu.

_____

in _____

_____

in _____

Fernsehturm mit
Weltzeituhr
in Berlin

_____

in _____

_____

in _____

- -

St. Gallen • ~~Berlin~~ • Köln • Hafen • Werfen bei Salzburg • ~~Fernsehturm mit Weltzeituhr~~
Kölner Dom • Lindau • Stadtlounge • Eisriesenwelt

- -

16

3 Unsere Klassenzeitung

a Was sagt man in diesen Situationen? Ergänze die Sprechblasen.

1.

Hast du schon gehört? Lilli hat jetzt einen Freund. Er ist schon 21 Jahre alt und spielt in der Nationalmannschaft Handball!

Echt? ...

2.

... und danach mu du diese Seite nehr und dann ...

3.

Einladung

4.

b Lies die Dialoge und Fragen und antworte.

1. ● Da bist du ja endlich! Der Film fängt gleich an.
   ○ Tut mir leid. Ich habe mein Geld gesucht, aber …
   ● Komm, wir gehen rein. Schnell!
   ○ Warte!

Wer spricht? *Ich glaube, das sind zwei Freunde.*

Wo sind die Personen? *Wahrscheinlich ...*

Was wollen sie machen?

Was ist das Problem?

2. ● Guck mal. Wie gefällt dir diese hier?
   ○ Gib mal her. Ja, die gefällt mir gut.
   ■ Kann ich euch helfen?
   ● Ja.

Wer spricht?

Wo sind die Personen?

Was haben sie gefunden?

Was wollen sie machen?

c Schreib die Dialoge aus 3b im Heft zu Ende.

d Welche Sprechblasen passen zusammen? Ordne zu.

1. Oh, der blöde Test! Ich habe nicht genug gelernt. Ich kann das nicht.

B. Klar! Das ist eine tolle Idee. Am besten fahren wir früh los.

2. Schon wieder ein Ausflug in den Zoo. Das ist doch langweilig!

A. Wieso? Ich finde das total spannend. Ich freue mich schon.

3. Ich habe Lenas Geburtstag vergessen. Jetzt ist sie sauer.

C. Ach Quatsch! Du schaffst das schon! Keine Angst.

4. Wollen wir am Samstag in die Kristall-welten gehen?

D. Also, ich würde sie zum Eis einladen.

e Lies die Dialogkarten. Welche Karten passen zusammen? Such dir einen Partner / eine Partnerin. Wählt zu zweit ein Kartenpaar und schreibt einen Dialog. Spielt euren Dialog in der Klasse vor.

A
Du hast am Samstag Geburtstag. Du lädst deinen Partner/deine Partnerin zu deiner Party ein. Gib folgende Infos zu deiner Party: Wann? Wo? Was macht ihr? Soll er/sie etwas mitbringen?

B
Du möchtest am Wochenende etwas mit deinem Partner/deiner Partnerin machen. Frag, was er/sie machen möchte. Wann wollt ihr euch treffen?

C
Dein Partner/deine Partnerin möchte am Wochenende etwas mit dir machen. Sag ihm/ihr, was du machen möchtest (z.B. schwimmen, ins Kino gehen, klettern gehen). Wo wollt ihr euch treffen?

D
Du hat ein neues Handy und erklärst deinem Partner/deiner Partnerin eine Funktion (z.B. MMS/SMS schicken/Fotos machen). Benutze folgende Wörter: Zuerst ..., dann ..., danach ..., anschließend ..., zum Schluss ...

E
Dein Freund/deine Freundin hat Geburtstag und lädt dich zur Party am Samstag ein. Bedanke dich für die Einladung. Sag, dass du kommst. Du weißt nicht, wo er/sie wohnt. Und du möchtest wissen, was er/sie sich wünscht.

F
Dein Partner hat ein neues Handy. Er erklärt dir, wie alles geht. Du verstehst nicht alles und er/sie spricht zu schnell.

Karte A und E:
● *Hallo Tom! Ich habe am Samstag Geburtstag und möchte dich einladen.*
○ *Oh danke! Ich komme gern. Sagst du mir, wo du wohnst? ...*

 **Hören**

58

Du hörst **zwei** Mitteilungen für Jugendliche im Radio.
Zu jeder Mitteilung gibt es Aufgaben. Kreuze an: a, b oder c.
Du hörst jede Mitteilung **zweimal**.

Beispiel

0 Diese Sendung ist für
  a Schülerinnen und Schüler.
  ☒ Jugendliche.
  c Eltern.

Lies die Aufgaben 1, 2 und 3.

1 Wer organisiert den Praktikumstag?
  a Die Stadt Leipzig.
  b Die Stadt Dresden.
  c Die Universität.

2 Warum kommen auch die Praktikanten?
  a Das gehört zu ihrer Arbeit.
  b Sie erzählen von ihrer Arbeit.
  c Sie suchen Arbeit.

3 Was machen die Psychologen auf dem Praktikumstag?
  a Sie erzählen von ihrem Beruf.
  b Sie machen einen Talente-Test.
  c Sie helfen bei der Berufswahl.

Jetzt hörst du die **erste** Mitteilung.

Du hörst jetzt diese Mitteilung **noch einmal**. Markiere **dann** die Lösung zu Aufgabe 1, 2 und 3.

Lies die Aufgaben 4, 5 und 6.

4 Das Zirkuscamp dauert
  a eine Woche.
  b zwei Wochen.
  c vier Wochen.

5 Für welchen Kurs muss man täglich trainieren?
  a Für den Reitkurs.
  b Für den Parkour-Kurs.
  c Für den Boxkurs.

6 Wo kann man den Film sehen?
  a Im Jugendzentrum.
  b Im Rathaus.
  c Auf der Webseite.

Jetzt hörst du die **zweite** Mitteilung.

Du hörst jetzt diese Mitteilung **noch einmal**. Markiere **dann** die Lösung zu Aufgabe 4, 5 und 6.

Lesen

Teil 1

Lies bitte die Anzeige.

Technik – kein Problem!
Sommerferienkurs für Technik-Profis und Anfänger

Im Kurs lernt man:
» Welche Funktionen hat mein Computer? «
» Was kann man alles damit machen? «
» Wie kann man einen Computer selbst reparieren? «

Der ganztägige Kurs ist für alle zwischen 15 und 20 und dauert eine Woche. ··· Kosten: 90,–€ (mit Mittagessen in der Uni-Mensa 110,–€) ··· Ort: Computerraum im Herder-Gymnasium ··· Informationen und Anmeldung auf der Webseite www.technikprofi.info

Im September und Oktober Wochenendkurs: „Wie macht man eine Webseite?"

Aufgaben 1 bis 3: Markiere bitte die Lösung mit einem Kreuz.

1 Was kann man nach dem Ferienkurs?
- [a] Den besten Computer kaufen.
- [b] Nützliche Webseiten finden.
- [c] Bei Computerproblemen helfen.

2 Wo bekommt man Informationen?
- [a] An der Universität.
- [b] Am Herder-Gymnasium.
- [c] Im Internet.

3 Der Sommerferienkurs ist
- [a] den ganzen Tag.
- [b] nachmittags.
- [c] vormittags.

Teil 2

In einer deutschen Jugendzeitschrift findest du einen Brief von einem Leser an Frau Dr. Winterfeld, Psychologin.

Liebe Frau Winterfeld,
seit drei Monaten habe ich ein großes Problem mit meinen Freunden, leider auch mit meinem besten Freund. Bei uns in der Stadt ist der Trendsport „Parkour" total beliebt und meine Freunde finden das auch super. Deshalb trainieren sie jetzt oft und sie machen das echt toll. Ich habe es auch probiert, aber ich kann es nicht. Eigentlich mache ich gern Sport, trotzdem schaffe ich diese Sprünge nicht. In den ersten Wochen hatten meine Freunde noch Geduld mit mir, dann haben sie über mich gelacht und jetzt nehmen sie mich nicht mehr mit. Ich habe schon versucht, allein zu trainieren – keine Chance, ich werde einfach nicht besser! Und weil ich mich das letzte Mal sogar verletzt habe, verbieten es mir meine Eltern jetzt. Aber ich möchte doch meine Freunde nicht verlieren – was soll ich machen?
Kevin

Fragen 4 bis 8: Was ist richtig, was ist falsch?

4 Kevin und sein bester Freund machen nicht mehr viel zusammen. | richtig | | *falsch* |

5 Kevins Freunde möchten nicht Parkour lernen. | richtig | | *falsch* |

6 Kevin ist sportlich. | richtig | | *falsch* |

7 Die Freunde helfen ihm nicht mehr. | richtig | | *falsch* |

8 Die Eltern sind dagegen, weil es zu teuer ist. | richtig | | *falsch* |

Schreiben

Du bist in den Ferien in Deutschland und liest diese Anzeige.

Spaß mit Kindern

Für unser Sommerfest suchen wir noch Jugendliche für das Kinderprogramm.
Machst du gern Sport oder spielst du ein Instrument? Kannst du malen oder kochen?
Hast du ein anderes interessantes Hobby? Dann hilf uns im Juli für zwei Tage:
ein Tag Vorbereitung, ein Tag Kinderprogramm!
Du spielst mit einer Gruppe von 5 bis 8 Kindern im Alter von 7–9 oder 9–11.
Wir bieten: Essen, Übernachtung und ein kleines Taschengeld.
Bitte melde dich bis Ende Mai bei uns: Claudia Weber, Stadtbüro Altburg.

Antworte bitte mit einem **Brief** (mindestens 50 Wörter).
Schreibe **zu jedem Punkt** bitte ein bis zwei **Sätze**.

1 Stell dich vor (Name, Alter, Adresse, Schule).

2 Was kannst du mit den Kindern machen?

3 Warum möchtest du auf dem Sommerfest helfen?

4 Ein Freund/eine Freundin von dir möchte auch mitmachen.

_____

_____

_____

_____

_____

_____

_____

_____

_____

_____

Sprechen

Fragen stellen und auf Fragen antworten.
Thema: Computer/Medien

Thema: Computer/Medien	Thema: Computer/Medien	Thema: Computer/Medien
Was ...?	*Wann ...?*	*Wie lange ...?*
Thema: Computer/Medien	Thema: Computer/Medien	Thema: Computer/Medien
Wie oft ...?	*Wo ...?*	*Mit wem ...?*

Auf eine vorgegebene Situation sprachlich reagieren.

Alphabetische Wortliste

So geht's:
Hier findest du alle neuen Wörter aus den Kapiteln 1–16 von Logisch! Kursbuch A2.
Die blauen Wörter sind besonders wichtig. Du brauchst sie für den Test „Fit in Deutsch 2".
Diese Wörter musst du also gut lernen. **Abit̲ur**, das *(Sg.)* 15/2, 111
Ein Strich unter einem Vokal zeigt: Der Vokal ist lang und betont. **a̲bends** 8/8, 59
Ein Punkt bedeutet: Der Vokal ist betont und kurz. **ạb|schreiben** 7/6, 52
Ein Strich hinter einer Silbe bedeutet: Das Verb ist trennbar. ạb|melden 14/5, 106
Von unregelmäßigen, trennbaren und untrennbaren Verben findest du auch das Partizip in der Liste.
Hinter dem Pfeil steht dann der Infinitiv. ạbgeschrieben → ạbschreiben 7/6, 52
Bei unregelmäßigen Adjektiven stehen der Komparativ und der Superlativ hinter dem Wort. ạrm, ärmer, am ạ̈rmsten 11/7, 83
Hinter Präpositionen findest du die Information: mit Akkusativ oder mit Dativ. ạb *(+ Dativ)* 3/7, 23
Für manche Wörter gibt es auch Beispielsätze. ạls *(Das Training macht mehr Spaß als Sportunterricht.)* 5/5, 40
In der Liste stehen keine Namen von Personen, keine Zahlen und keine Wörter aus Aufgabenüberschriften und Arbeitsanweisungen.

Eine Liste mit den unregelmäßigen Verben aus Logisch! A2 findest du auf Seite 125.
Eine Übersicht mit Wortgruppen findest du auf Seite 126–127.

So sieht's aus:

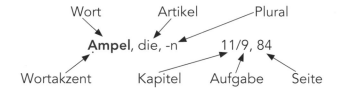

Wort   Artikel   Plural

Ampel, die, -n   11/9, 84

Wortakzent   Kapitel   Aufgabe   Seite

Abkürzungen:
Pl. = nur Plural (bei Nomen)
Sg. = nur Singular (bei Nomen)

ạb *(+ Dativ)* 3/7, 23
a̲bends 8/8, 59
A̲benteuer, das, - 16/2, 118
ạbgemeldet → ạbmelden 14/5, 106
ạbgeschickt → ạbschicken 4/9, 30
ạbgeschrieben → ạbschreiben 7/6, 52
Abit̲ur, das *(Sg.)* 15/2, 111
ạb|melden 14/5, 106
ạb|schicken 4/9, 30
ạb|schreiben 7/6, 52
Ạbsperrung, die, -en 7/3, 51
ạbwechselnd 16/1, 117
Ạch-Laut, der *(Sg.)* 7/8, 53
ạ̈hnlich 15/10, 114
Ạkku, der, -s 14/6, 106

Akrob̲atik, die *(Sg.)* 1/6, 11
Aktio̲nstag, der, -e 2/6, 16
aktiv̲ 5/10, 42
aktue̲ll 11/6, 83
akzepti̲eren 11/5, 82
alle̲in *(Allein aus Europa kommen viele Touristen nach Berlin.)* 11/2, 81
Ạlltag, der *(Sg.)* 14/3, 105
ạls *(Das Training macht mehr Spaß als Sportunterricht.)* 5/5, 40
Ampel, die, -n 11/9, 84
Ạnfänger, der - 11/6, 83
Ạnfängerin, die, -nen 11/6, 83
Ạngeber, der, - 5/4, 39
Ạngeberin, die, -nen 5/4, 39
ạngehabt → ạnhaben 13/3, 99

ạngeklickt → ạnklicken 4/9, 30
ạngeln 1/2, 9
ạngeschaltet → ạnschalten 4/9, 30
ạngesprochen → ạnsprechen 3/6, 22
ạ̈ngstlich 12/9, 89
ạn|haben 13/3, 99
ạn|klicken 4/9, 30
Ạnmeldung, die, -en 13/9, 102
ạn|probieren 6/2, 45
ạnprobiert → ạnprobieren 6/2, 45
ạn|schalten 4/9, 30
ạnschließend 4/8, 29
ạn|sprechen 3/6, 22
ạnstrengend 5/5, 40
Ạnzug, der, Ạnzüge 6/1, 44

besonders (*Das gefällt mir besonders gut.*) 2/6, 16
besorgt 3/1, 20
Besprechung, die, -en 15/7, 113
Besprechungsraum, der, Besprechungsräume 15/7, 113
bestellen 8/1, 56
bestellt → bestellen 8/1, 56
bestimmt (*Das steht dir bestimmt gut.*) 6/2, 45
Besucher, der, - 11/2, 81
Besucherin, die, -nen 11/2, 81
betreten 11/6, 83
betreten → betreten 11/6, 83
bewegen 13/7, 101
bewegt → bewegen 13/7, 101
biba (*= Bis bald!*) 12/10, 90
Bibliothek, die, -en 14/7, 107
bieten 11/2, 81
Bikini, der, -s 6/1, 44
Bilddiktat, das, -e 10/8, 77
bilden 6/4, 45
Bildredaktion, die, -en 16/3, 120
Bildschirm, der, -e 14/1, 104
bisher 5/3, 39
Bitte, die, -n 16/1, 116
blitzen 12/8, 89
Blödsinn, der (*Sg.*) 12/9, 89
blond 13/103
Blumenkleid, das, -er 8/7, 58
Boden, der, Böden 10/6, 76
böse 7/10, 54
Box, die, -en 4/9, 30
Braten, der, - 8/12, 60
Bratwurst, die, Bratwürste 8/12, 60
BRD, die (*Sg.*) 11/2, 81
Brezel, die, -n 2/8, 17
Brief, der, -e 1/6, 11
Briefkasten, der, Briefkästen 4/8, 29
Briefmarke, die, -n 9/5, 71
Brotsorte, die, -n 16/2, 118
Browser, der, - 4/9, 30
Brücke, die, -n 11/2, 81
Bücherei, die, -en 11/4, 82
Buchtipp, der, -s 14/9, 108
Bühne, die, -n 3/10, 24
Bundesland, das, Bundesländer 16/2, 118
bunt 11/2, 81
Busfahrer, der, - 4/2, 26
Busfahrerin, die, -nen 4/2, 26

ca. (*= circa*) 6/8, 47
Camping, das (*Sg.*) 1/1, 8
CD-Player, der, - 14/1, 104
Chance, die, -n 7/1, 50
Chaos, das (*Sg.*) 2/10, 18
Chatroom, der, -s 14/3, 105
Chef, der, -s 15/7, 113
Chefin, die, -nen 15/7, 113
Chips, die (*Pl.*) 13/8, 101
Christstollen, der, - 16/2, 119
circa 11/2, 81
Clownsnase, die, -n 1/6, 11
Club, der, -s 11/2, 81
Comicredaktion, die, -en 16/3, 121
Cousin, der, -s 8/1, 56
Cousine, die, -n 8/1, 56

Dach, das, Dächer 16/2, 119
dafür (*Du gibst mir Bücher. Ich gebe dir dafür CDs.*) 14/9, 108
dagegen sein 3/3, 21
Dallas 5/3, 39
damals 14/2, 104
damit (*Was machst du damit?*) 9/3, 69
darum 12/3, 87
dass 9/3, 69
Datum, das, Daten 8/2, 56
Dauer, die (*Sg.*) 12/6, 88
davor 14/3, 105
DDR, die (*Sg.*) 11/2, 81
Decke, die, -n 10/6, 76
Delfin, der, -e 5/9, 42
denn (*Robbie arbeitet, denn er braucht Geld für eine neue Gitarre.*) 11/8, 84
deprimiert 3/1, 20
deutlich 2/10, 18
Deutschbuch, das, Deutschbücher 14/10, 109
Dialekt, der, -e 16/2, 119
dieser, diese 9/4, 70
Diktat, das, -e 3/1, 20
diktieren 16/1, 116
Dingsda, das (*Sg.*) 9/5, 71
diskutieren 14/9, 108
Dom, der, -e 16/2, 118
donnern 12/8, 89
Dorf, das, Dörfer 12/6, 88
dort|bleiben 1/4, 10
dortgeblieben → dortbleiben 1/4, 10
Dose, die, -n 10/2, 74

Dr. (*= Doktor, der, -en*) 13/3, 99
draußen 12/6, 88
Dresden 12/6, 88
dringend 3/10, 24
drinnen 13/5, 100
durch (*+ Akkusativ*) 7/8, 53
durcheinander 10/4, 75
Durchschnitt, der (*Sg.*) 14/4, 105
durchschnittlich 6/8, 47

E-Gitarre, die, -n 10/10, 78
E-Mail-Adresse, die, -n 11/5, 82
egal 3/3, 21
egoistisch 3/3, 21
Eigenschaft, die, -en 5/2, 38
einfach 2/8, 17
ein|geben 4/8, 29
eingegeben → eingeben 4/8, 29
eingeschlafen → einschlafen 9/7, 72
einige (*Ich bin jeden Tag einige Stunden im Internet.*) 14/3, 105
ein|schlafen 9/7, 72
Einverständniserklärung, die, -en 11/5, 82
Einwohner, der, - 11/2, 81
Einwohnerin, die, -nen 11/2, 81
elegant 11/2, 81
Elektriker, der, - 15/2, 111
Elektrikerin, die, -nen 15/2, 111
elektronisch 14, 104
Emden 11/5, 82
Empfang, der (*Sg.*) (*Das Handy hat keinen Empfang.*) 14/5, 106
eng 6/7, 47
Enkel, der, - 8/11, 59
Enkelin, die, -nen 8/11, 59
entdecken 12/6, 88
entdeckt → entdecken 12/6, 88
Entschuldigung, die, en (*Mama schreibt mir eine Entschuldigung für die Schule.*) 13/11, 102
Entschuldigungsbrief, der, -e 7/9, 54
entspannen (sich) 16/2, 119
entspannt → entspannen 16/2, 119
Erde, die (*Sg.*) 12/6, 88
erfahren (*Der Trainer ist erfahren.*) 11/6, 83
Erfahrung, die, -en 16/2, 118

Ergebnis, das, -se 9/3, 69
erholen (sich) 15/2, 111
erholt → erholen 15/2, 111
erinnern (sich) 9/8, 72
erinnert → erinnern 9/8, 72
Erklärung, die, -en 4/9, 30
erlauben 10/10, 78
erlaubt → erlauben 10/10, 78
erleben 12/11, 90
erlebt → erleben 12/11, 90
ermitteln 7/6, 52
ermittelt → ermitteln 7/6, 52
Erziehungsberechtigte, der/die,
    -n 11/5, 82
existieren 11/2, 81
extra 1/6, 11

Fahrplan, der, Fahrpläne 4/2, 26
fair 5/2, 38
Falle, die, -n 1/4, 10
fallen 12/3, 87
Familienfest, das, -e 6/5, 46
fangen 6/11, 48
fantastisch 15/4, 112
färben 15/1, 110
Farbstift, der, -e 2/10, 18
Fast Food, das (Sg.) 9/1, 68
faul 5/10, 42
faulenzen 12/2, 86
fegen 15/1, 110
Feiertag, der, -e 8/2, 56
fein 12/9, 89
Feld, das, -er 16/1, 117
Feriencamp, das, -s 12/6, 88
Feriengruß, der, Feriengrüße
    1/6, 11
Ferientag, der, -e 15/3, 111
fern 11/2, 81
Fernseher, der, - 14/1, 104
Fernsehturm, der, Fernsehtürme
    11/1, 80
Feuer, das, - 12/10, 90
Feuerwehr, die, -en 1/4, 10
Fieber, das (Sg.) 13/7, 101
Figur, die, -en 2/6, 16
Filderstadt 5/3, 39
finden (Wir finden verschiedene
    Tiere.) 2/6, 16
Fingernagel, der, Fingernägel
    13/2, 98
Firma, die, Firmen 15/2, 111
fit 5/10, 42
Fitnessclub, der, -s 11/6, 83

fix und fertig (Nach dem Gewitter
    ist Nadja fix und fertig.) 12/10,
    90
Flaschenöffner, der, - 9/5, 71
Fleck, der, -en (Raffael hat einen
    blauen Fleck am Rücken.)
    13/7, 101
fleißig 11/8, 84
Flip-Flop, der, -s 9/7, 72
Flohmarkt, der, Flohmärkte 3/7,
    23
Flöte, die, -n 9/5, 71
Fluss, der, Flüsse 2/6, 16
FM-Tuner, der, - 14/9, 108
föhnen (sich) 8/7, 58
Formular, das, -e 11/5, 82
formulieren 16/1, 116
fotografieren 11/1, 80
Frauenberuf, der, -e 15/10, 114
Freie, das → im Freien 12/6, 88
Fremdsprache, die, -n 15/2,
    111
freuen (sich) 6/9, 48
Freundschaft, die, -en 7, 50
Friseur, der, -e 15/1, 110
Friseurin, die, -nen 15/1, 110
Frisur, die, -en 13/2, 98
fröhlich 4/5, 28
fühlen (sich) 4/5, 28
Führerschein, der, -e 11/5, 82
Füller, der, - 9/5, 71
fürchten (sich) 12/9, 89
Fußball-Trikot, das, -s 9/4, 70
Fußballfan, der, -s 5/2, 38
Fußballplatz, der, Fußballplätze
    5/7, 41
Fußgängerzone, die, -n 11/1,
    80
füttern 3/7, 23

Garage, die, -n 7/9, 54
Gästebuch, das, Gästebücher
    5/3, 39
Gästehaus, das, Gästehäuser
    12/6, 88
Gastfamilie, die, -n 16/2, 118
Gasthaus, das, Gasthäuser 8/3,
    57
Gebäude, das, - 15/5, 112
geboren (Wann bist du gebo-
    ren?) 8/3, 57
geboten → bieten 11/2, 81
gebrochen (Die Hand ist gebro-
    chen.) 13/7, 101

Geburtsdatum, das (Sg.) 11/5,
    82
Geburtstagsfest, das, -e 8/3, 57
Gedicht, das, -e 16/3, 121
gefährlich 13/5, 100
gefallen → fallen 12/3, 87
gefangen → fangen 6/11, 48
Gefühl, das, -e 12/6, 88
gefunden → finden 2/6, 16
Gegenstand, der, Gegenstände
    9/4, 70
Gegenteil, das (Sg.) 13/3, 99
gehangen → hängen (2) 10/6, 76
gehören 6/3, 45
gehört → gehören 6/3, 45
Geißbock, der,
    Geißböcke 16/2, 118
Geländer, das, - 13/5, 100
Geld, das (Sg.) 3/8, 23
Geldausgeben, das (Sg.) 9/3, 69
Geldstück, das, -e 16/1, 116
gelegen → liegen 11/2, 81
geliehen → leihen 14/9, 108
genauso 12/6, 88
genervt 12/9, 89
geöffnet 3/7, 23
Gepard, der, -e 5/9, 42
Geschichte, die, -n (Der Opa er-
    zählt eine Geschichte.) 2/5, 15
geschieden 10/10, 78
geschienen → scheinen 12/8, 89
geschlossen 12/4, 87
geschnitten → schneiden 13/3,
    99
geschossen → schießen 5/3, 39
geschwiegen → schweigen 4/5,
    28
Gesicht, das, -er 13/3, 99
gesperrt 14/5, 106
gesponnen → spinnen 13/11,
    103
gesprungen → springen 5/9, 42
gestohlen → stehlen 14/5, 106
gestritten → streiten 3/2, 20
getan → tun 3/3, 21
getragen → tragen 15/2, 111
getroffen → treffen 5/5, 40
Gewitter, das, - 12/8, 89
geworfen → werfen 2/8, 17
GG (= Großes Grinsen) 12/10,
    90
Gigabyte, das, -s (GB) 14/9, 108
Glöckchen, das, - 9/7, 72
Gold, das (Sg.) 5/3, 39

Kölsch, das (Sg.) 16/2, 118
komisch 8/6, 58
Kommentar, der, -e 5/3, 39
Kommunikation, die (Sg.) 14/3,
    105
Kompliment, das, -e 16/1, 116
König, der, -e 11/2, 81
Königin, die, -nen 11/2, 81
Kontakt, der, -e 6/8, 47
Konzertkarte, die, -n 9/1, 68
Kopfball, der, Kopfbälle 5/8, 41
kopieren 15/7, 113
Kopierer, der, - 15/7, 113
Körper, der, - 5/8, 41
Kosmetik, die, Kosmetika 9/1,
    68
kostenlos 3/7, 23
Krankenschwester, die, -n 15/4,
    112
Krankenwagen, der, - 13/9, 102
Krankheit, die, -en 13/11, 102
krass 12/10, 90
kreativ 12/6, 88
Kreuzworträtsel, das, - 16/3, 120
Krieg, der, -e 11/2, 81
Krise, die, -n 11/2, 81
Kultur, die, -en 11/2, 81
Kurve, die, -n 7/3, 51
Kuscheltier, das, -e 9/7, 72

Laden, der, Läden 9/3, 69
Lagerfeuer, das, - 12/6, 88
Landschaft, die, -en 12/6, 88
Langeweile, die (Sg.) 11/4, 82
langweilen (sich) 8/6, 58
lassen (Ich lasse den Hund zu
    Hause.) 9/3, 69
Lateintest, der, -s 7/6, 52
Lauf, der, Läufe 7/3, 51
lebendig 16/2, 118
Lebkuchen, der, - 16/2, 119
leer 14/6, 106
legen 6/4, 45
leiden können (Ich kann ihn nicht
    leiden.) 3/3, 21
Leidenschaft, die, -en 13/6, 100
leihen 14/9, 108
Leipzig 13/5, 100
letzter, letzte 9/8, 72
Lieblings-CD, die, -s 10/4, 75
Lieblingsding, das, -e 9/7, 72
Lieblingskleidung, die (Sg.) 6/4,
    45

Lieblingswort, das,
    Lieblingswörter 16/3, 121
liegen (Berlin liegt im
    Nordosten.) 11/2, 81
lila (Meine lila Ohrringe sind
    toll.) 6/1, 44
Limonade, die, -n 8/12, 60
Link, der, -s 8/5, 57
Lippenstift, der, -e 9/1, 68
Liste, die, -n 8/1, 56
lol (= laughing out loud) 12/10,
    90
lösen (Löse die Aufgabe.) 16/1,
    117
losgelassen → loslassen 4/5, 28
losgelaufen → loslaufen 7/3, 51
los|lassen 4/5, 28
los|laufen 7/3, 51
Luft, die (Sg.) 15/7, 113

Mädchentag, der, -e 3/3, 21
Mail, die, -s 8/1, 56
Mailbox, die, -en 4/8, 29
Mailprogramm, das, -e 4/8, 29
Mandelfüllung, die, -en 16/2,
    119
Manga, das, s 13/6, 100
männlich 15/10, 114
Markenklamotten, die (Pl.) 13/3,
    99
Markenkleidung, die (Sg.) 13/2,
    98
Maskottchen, das, - 16/2, 118
Material, das, Materialien 12/6,
    88
Mathehausaufgabe, die, -n
    14/10, 108
Matheheft, das, -e 14/10, 109
maximal 6/8, 47
Mechaniker, der, - 15/1, 110
Mechanikerin, die, -nen 15/1,
    110
Mecklenburg 1/4, 10
Medien, die (Pl.) 14/2, 104
Medikament, das, -e 13/9, 102
Medizin, die (Sg.) 15/4, 112
Meinung, die, -en 13/3, 99
meistens 14/3, 105
melden (sich) 5/7, 41
Mensa, die, Mensen 15/2, 111
Message, die, -s 14/3, 105
Messer, das, - 9/5, 71
Metropole, die, -n 11/2, 81
Mexiko 16/1, 118

Miete, die, -n 14/9, 108
Mikrofon, das, -e 15/1, 110
Mikrowelle, die, -n 9/5, 71
Minderjährige, der/die, -n 11/5,
    82
mindestens 14/9, 108
mischen 6/4, 45
Mist, der (Sg.) 13/7, 101
mit|fahren 5/7, 41
mit|feiern 8/6, 58
mitgefahren → mitfahren 5/7, 41
mitgefeiert → mitfeiern 8/6, 58
mitgegangen → mitgehen 15/2,
    111
mit|gehen 15/2, 111
Mitgliedsausweis, der, -e 11/6,
    83
Mitschüler, der, - 15/10, 114
Mitschülerin, die, -nen 15/10,
    114
Mitspieler, der, - 16/1, 116
Mitspielerin, die, -nen 16/1, 116
mittags 8/13, 60
Mitte, die (Sg.) 6/1, 44
Mitternacht, die (Sg.) 4/4, 27
Möbel, die (Pl.) 10/6, 76
Mode, die (Sg.) 6/8, 47
Moderator, der, -en 15/1, 110
Moderatorin, die, -nen 15/1, 110
Möglichkeit, die, -en 12/6, 88
Mond, der, -e 13/2, 98
monoton 4/5, 28
Moped, das, -s 9/5, 71
morgens 8/8, 59
Motorroller, der, - 15/1, 110
Mountainbike, das, -s 12/2, 86
München 8/1, 56
Münze, die, -n 16/1, 117
Muschel, die, -n 12/6, 88
Muskelkater, der, - 15/2, 111
Müsli, das, -s 8/12, 60
Muttertag, der, -e 15/10, 114
Mütze, die, -n 6/5, 46

Nachbarhund, der, -e 4/4, 27
nachdem 9/3, 69
nach|fragen 16/1, 117
nachgefragt → nachfragen 16/1,
    117
nachher 7/7, 53
nachmittags 8/13, 60
Nachname, der, -n 11/5, 82
Nachricht, die, -en 4/8, 29
Nachspeise, die, -n 8/12, 60

Nächste, der/die, -n 6/4, 45
nächster, nächste 1/4, 10
Nachteil, der, -e 10/11, 78
nachts 15/11, 114
nah, näher, am nächsten 10/6, 76
Nähe, die *(Sg.)* 12/6, 88
nämlich 15/2, 111
nass 12/10, 90
Natur, die *(Sg.)* 12, 86
natürlich 13/3, 99
neben *(+ Dativ/Akkusativ)* 10/2, 74
nerven 2/3, 15
nervig 8/6, 58
Neuwerk 12/6, 88
niemals 13/5, 100
Nintendo, der, -s 2/1, 14
nirgends 12/6, 88
Norden, der *(Sg.)* 11/2, 81
Nordosten, der *(Sg.)* 11/2, 81
Nordrhein-Westfalen 16/2, 118
normalerweise 13/5, 100
Note, die, -n 2/9, 17
Notruf, der, -e 13/7, 101
Notrufzentrale, die, -n 16/2, 119
Nudel, die, -n 8/12, 60
nutzen 14/3, 105

oben 14/1, 104
offen 11/8, 84
öffnen 4/5, 28
Ohrring, der, -e 2/10, 18
Oldenburg 5/3, 39
Olympia 5/3, 39
online 14/4, 105
Open-Air-Kino, das, -s 11/8, 84
Operation, die, -en 13/7, 101
optimistisch 7/4, 51
orange 6/1, 44
Ordnung, die *(Sg.)* 1/5, 11
Ort, der, -e 11/5, 82
Osten, der *(Sg.)* 11/2, 81

Paps, der *(Sg.)* *(= Papa)* 5/7, 41
parken 11/1, 80
Parkour 13/5, 100
Parkplatz, der, Parkplätze 12/10, 90
Partnerlook, der *(Sg.)* 6/6, 46
Partnerspiel, das, -e 8/8, 59
passend 6/5, 46
Passwort, das, Passwörter 4/7, 29

Pause, die, -n 2/6, 16
Pech, das *(Sg.)* 13/10, 102
peinlich 5/5, 40
Personalausweis, der, -e 11/5, 82
pessimistisch 7/4, 51
Pfeffer, der *(Sg.)* 8/12, 60
Pferd, das, -e 5/8, 41
Pferdekopf, der, Pferdeköpfe 5/8, 41
Pflanze, die, -n 10/7, 77
Pflaster, das, - 13/9, 102
Pfütze, die, -n 6/11, 48
Picknick, das, -s 12/2, 86
Pilot, der, -en 15/4, 112
Pilotin, die, -nen 15/4, 112
PIN, die, -s 14/6, 106
Pinsel, der, - 9/5, 71
Pisa 5/8, 41
planen 8/1, 56
Planung, die, -en 15/7, 113
Platte, die, -n *(Kennst du die neue Platte von Robbies Band?)* 14/1, 104
Platte, der, -n *(Das Fahrrad hat einen Platten.)* 4/1, 26
Plattenspieler, der, - 14/1, 104
Player, der, - 14/9, 108
Playstation, die, -s 14/1, 104
Pleitegeier, der, - 9/3, 69
plötzlich 3/5, 22
Politik, die *(Sg.)* 15/5, 112
Polizei, die *(Sg.)* 1/4, 10
Popcorn, das *(Sg.)* 9/3, 69
Porto *(Porto ist eine schöne Stadt.)* 10/6, 76
Porträt, das, -s 16/3, 120
Portugal 10/6, 76
Posteingang, der, Posteingänge 4/8, 29
Postleitzahl, die, -en 11/5, 82
Praktikum, das, Praktika 15/7, 113
praktisch 9/3, 69
präsentieren 3/7, 23
Praxis, die, Praxen 13/9, 102
Profi, der, -s 2/6, 16
Programm (1), das, -e *(Ich nehme am Programm teil.)* 2/6, 16
Programm (2), das, -e *(Ich mag das Programm für den Computer.)* 4/9, 30
Projektgruppe, die, -n 2/8, 17

Projektwoche, die, -n 2/6, 16
Prozent, das, -e 14/3, 105
Psychologe, der, -n 13/3, 99
Psychologin, die, -nen 13/3, 99
Psychotest, der, -s 9/3, 69
Pulli, der, -s 6/7, 47
Pyramide, die, -n 1/5, 11

Quark, der *(Sg.)* 8/12, 60
Quiz, das *(Sg.)* 3/7, 23

Radiosender, der, - 15/1, 110
Radstar, der, -s 2/6, 16
Radtour, die, -en 2/6, 16
rasch 9/6, 71
Rasen, der, - 9/6, 71
rasen 9/6, 71
Rastalocke, die, -n 13/1, 98
Rat, der *(Sg.)* 13/3, 99
Rathaus, das, Rathäuser 11/1, 80
Ratschlag, der, Ratschläge 3/4, 21
Rätsel, das, - 16/3, 120
Rätselecke, die, -n 16/3, 120
Ratte, die, -n 9/6, 71
rauchen 11/1, 80
Reaktion, die, -en 3/10, 24
rechnen 5/10, 42
Redaktion, die, -en 16/3, 120
reden 2/5, 15
Regel, die, -n 11/6, 83
Regenschirm, der, -e 6/11, 48
Reggae, der *(Sg.)* 13/3, 99
Reggae-Fan, der, -s 13/3, 99
regnen 1/6, 11
reich 5/6, 40
Reifen, der, - 15/1, 110
Reis, der *(Sg.)* 8/12, 60
Reisepass, der, Reisepässe 11/5, 82
Reiterhof, der, Reiterhöfe 12/3, 87
Rekord, der, -e 5/9, 42
reservieren 8/1, 56
Rest, der, -e 9/3, 69
retten 1/2, 9
Rezept, das, -e 13/9, 102
Riesenfan, der, -s 5/3, 39
Riesengewitter, das, - 12/10, 90
riesig 7/10, 54
Ring, der, -e 13/3, 99
Roboter, der, - 16/1, 117

Rock (1), der, Röcke *(Nadja trägt einen Rock.)* 6/1, 44

Rock (2), der *(Sg.)* *(Ich höre gern Rock.)* 13/3, 99

rockig 4/5, 28

Rockmusik, die *(Sg.)* 13/3, 99

Roggenbrötchen, das, - 16/2, 118

röntgen 13/7, 101

rosa *(Rosa Blusen sind schrecklich.)* 6/1, 44

Rücken, der, - 13/7, 101

Ruhe, die *(Sg.)* 12/12, 90

ruhig 4/5, 28

rund 12/6, 88

runtergelaufen → runterlaufen 13/5, 100

runter|laufen 13/5, 100

sächsisch 12/6, 88

Sahne, die *(Sg.)* 8/13, 60

Salbe, die, -n 13/9, 102

Sattel, der, Sättel 12/3, 87

sauber 11/6, 83

schaffen 5/3, 39

Schal, der, -s 10/2, 74

schauen 5/10, 42

Schauspieler, der, - 15/5, 112

Schauspielerin, die, -nen 15/5, 112

scheinen *(Die Sonne scheint.)* 12/8, 89

scheußlich 11/2, 81

schick 11/2, 81

schicken 1/6, 11

schießen *(Kolja schießt viele Tore.)* 5/3, 39

Schildkröte, die, -n 5/9, 42

schließlich 12/11, 90

schlimm 9/4, 70

Schloss, das, Schlösser 11/1, 80

Schlüssel, der, - 2/10, 18

Schlüsselkind, das, -er 10/10, 78

Schmerztablette, die, -n 13/11, 102

schminken (sich) 8/7, 58

Schmuck, der *(Sg.)* 13/3, 99

schmutzig 6/11, 48

Schnee, der *(Sg.)* 16/2, 118

schneiden 13/3, 99

schneien 4/5, 28

schnuppern 13/5, 100

schockiert 6/11, 48

Schokoriegel, der, - 9/1, 68

schöngemacht → schönmachen 8/7, 58

schön|machen (sich) 8/7, 58

Schreck, der *(Sg.)* 1/4, 10

schrecklich 7/4, 51

Schreibtisch, der, -e 10/6, 76

Schriftsteller, der, - 15/4, 112

Schriftstellerin, die, -nen 15/4, 112

Schritt, der, -e 16/1, 116

schüchtern 7/4, 51

Schuljahr, das, -e 16/2, 118

Schulsport, der *(Sg.)* 5/5, 40

Schultag, der, -e 2/1, 14

Schultüte, die, -n 2/3, 15

schützen 12/6, 88

schwach, schwächer, am schwächsten 1/4, 10

Schwarzbrot, das, -e 2/8, 17

Schweden 16/1, 118

schweigen 4/5, 28

Schweizerdeutsch, das 16/2, 119

schwer 3/2, 20

Schwimmverein, der, -e 5/3, 39

schwitzen 3/7, 23

Segelfisch, der, -e 5/9, 42

segeln 1/1, 8

Sehenswürdigkeit, die, -en 11/2, 81

Seite, die, -n 5/8, 41

selber *(Mach's doch selber!)* 14/10, 108

selten 9/3, 69

senden 4/8, 29

Sendung, die, -en 15/1, 110

sensibel 7/4, 51

setzen (1) (sich) *(Setz dich auf den Tisch!)* 15/8, 113

setzen (2) *(Setzt einen Witz in die Zeitung.)* 16/3, 120

shoppen 6/5, 46

sicher 2/6, 16

Situation, die, -en 16/3, 121

Skateboardfahren, das *(Sg.)* 5/6, 40

Skifahren, das *(Sg.)* 16/2, 118

skypen 14/3, 105

SMS-Funktion, die, -en 4/9, 30

SMS-Sprache, die *(Sg.)* 12/10, 90

Snack, der, -s 16/2, 118

so (1) *(Das ist so schön!)* 1/6, 11

so (2) *(Paul ist so gut wie Kolja.)* 5/3, 39

so (3) *(So können wir hier billige Sachen kaufen.)* 6/8, 47

Socke, die, -n 6/1, 44

Sohn, der, Söhne 8/11, 59

sollen 8/3, 57

Sommerfest, das, -e 8/1, 56

sondern *(Herr König klettert nicht, sondern geht spazieren.)* 12/2, 86

sonnen (sich) 12/2, 86

Sonnenbrille, die, -n 10/1, 74

sonnig 12/11, 90

sonst 14/10, 108

Sorge, die, -n 4/5, 28

Sorte, die, -n 2/8, 17

Soße, die, -n 8/12, 60

Souvenir, das, -s 1/6, 11

spannend 5/6, 40

sparen 9/3, 69

Sparer, der, - 9/3, 69

Sparerin, die, -nen 9/3, 69

Sparkonto, das, Sparkonten 9/3, 69

Spaziergang, der, Spaziergänge 12/2, 86

Speicher, der, - 14/9, 108

Speisekarte, die, -n 8/13, 60

sperren 14/6, 106

Spezialität, die, -en 16/2, 119

Spielbeginn, der *(Sg.)* 5/7, 41

Spieler, der, - 5/6, 40

Spielerin, die, -nen 5/6, 40

Spielfigur, die, -en 16/1, 116

spinnen *(Du spinnst ja!)* 13/11, 103

Sportfan, der, -s 5/2, 38

Sportfest, das, -e 6/5, 46

Sporthose, die, -n 6/5, 46

Sportlehrer, der, - 5/10, 43

Sportlehrerin, die, -nen 5/10, 43

Sportprogramm, das, -e 2/6, 16

Sportsachen, die *(Pl.)* 13/8, 101

Sprechstunde, die, -n 13/9, 102

springen 5/9, 42

Spritze, die, -n 15/1, 110

Spruch, der, Sprüche 16/3, 120

Sprung, der, Sprünge 13/5, 100

St. Gallen 16/1, 118

Stadion, das, Stadien 16/2, 118

Städtereise, die, -n 11/8, 84

Stadtplan, der, Stadtpläne 11/8, 84

Stall, der, Ställe 12/3, 87

stark, stärker, am stärksten 5/6, 40

Startfeld, das, -er 16/1, 117

stehen|bleiben 13/5, 100

stehengeblieben → stehenbleiben 13/5, 100

stehlen 14/5, 106

Stein, der, -e 2/6, 16

stellen (Er stellt die Schuhe auf den Balkon.) 10/1, 74

Stiefel, der, - 6/5, 46

Stimmung, die, -en 15/2, 111

stören 14/7, 107

Strafaufgabe, die, -n 16/1, 117

Straßenbahn, die, -en 4/1, 26

Straßenfest, das, -e 3/7, 23

Straßenverkehr, der (Sg.) 2/6, 16

streicheln 15/1, 110

streiken 4/2, 26

Streit, der, -s 3/1, 20

streiten (sich) 3/2, 20

Stress, der (Sg.) 15/4, 112

Strumpf, der, Strümpfe 6/1, 44

Strumpfhose, die, -n 6/1, 44

Student, der, -en 15/2, 111

Studentin, die, -nen 15/2, 111

studieren 15/2, 111

Studium, das, Studien 15/4, 112

Suchrätsel, das, - 16/3, 120

Süden, der (Sg.) 11/2, 81

superblöd 7/9, 54

surfen 1/1, 8

Süßigkeit, die, -en 9/1, 68

Szene, die, -n 11/1, 80

Tablett, das, -s 9/5, 71

täglich 3/7, 23

Tanz, der, Tänze 5/8, 41

Tänzer, der, - 15/6, 112

Tänzerin, die, -nen 15/6, 112

Taschengeld-Typ, der, -en 9/3, 69

Taschenrechner, der, - 9/5, 71

Tastatur, die, -en 9/5, 71

Taste, die, -n 4/9, 30

Täter, der, - 7/5, 52

Täterin, die, -nen 7/5, 52

tatsächlich 16/2, 119

tauschen 14/9, 108

Team, das, -s 5/7, 41

technisch 15/10, 114

Teil, der, -e 9/3, 69

teilgenommen → teilnehmen 2/6, 16

teil|nehmen 2/6, 16

Teilnehmer, der, - 15/10, 114

Teilnehmerin, die, -nen 15/10, 114

Tennisclub, der, -s 8/1, 56

Tennisschläger, der, - 10/1, 74

Teppich, der, -e 10/6, 76

Termin, der, -e 8/1, 56

Test, der, -s 13/8, 101

Thema, das, Themen 4/9, 30

Tierarzt, der, Tierärzte 15/1, 110

Tierärztin, die, -nen 15/1, 110

Tierklinik, die, -en 1/4, 10

Tiermedizin, die (Sg.) 15/2, 111

tippen 4/9, 30

Tirolerisch, das (Sg.) 16/2, 118

Tischdekoration, die, -en 8/1, 56

Tischtennis, das (Sg.) 12/6, 88

Top, das, -s 6/5, 46

Topf, der, Töpfe 9/5, 71

Tor, das, -e 5/3, 39

Tourist, der, -en 11/3, 81

Touristin, die, -nen 11/3, 81

Traceur, der, -e 13/5, 100

traditionell 15/10, 114

tragen (Paul hat Kabel getragen.) 15/2, 111

Trainer, der, - 5/3, 39

Trainerin, die, -nen 5/3, 39

Training, das, -s 5/5, 40

Traumberuf, der, -e 15/4, 112

treffen (Kolja trifft oft das Tor.) 5/5, 40

Treffpunkt, der, -e 5/7, 41

Treppe, die, -n 10/7, 77

Trick, der, -s 13/5, 100

Trikot, das, -s 9/4, 70

trocken 9/5, 71

Trompete, die, -n 12/1, 86

trösten 7/1, 50

trotzdem 7/10, 54

tun 3/3, 21

turnen 5/5, 40

Turnschuh, der, -e 6/5, 46

Typ, der, -en 7/4, 51

über (1) (+ Akkusativ) (Sprich mit Pia über das Problem.) 3/3, 21

über (2) (+ Akkusativ/Dativ) 10/2, 74

über (3) (Berlin hat über 3 Millionen Einwohner.) 11/2, 81

überhaupt nicht 9/3, 69

übermorgen 15/2, 111

UFO, das, -s (= Unbekanntes Flugobjekt) 16/2, 119

um|drehen 6/4, 45

Umfrage, die, -n 2/7, 16

umgedreht → umdrehen 6/4, 45

umgeräumt → umräumen 10/6, 76

Umkleidekabine, die, -n 6/7, 47

um|räumen 10/6, 76

Umwelt, die (Sg.) 12/6, 88

uncool 6/5, 46

unerträglich 13/3, 99

Unfall, der, Unfälle 4/2, 26

unfreundlich 12/12, 90

unglücklich 12/12, 90

unheimlich 12/9, 89

unhöflich 14/8, 107

Uni-Mensa, die, Uni-Mensen 15/2, 111

uninteressant 12/12, 90

unnatürlich 13/2, 98

Unordnung, die (Sg.) 10/4, 75

unruhig 12/12, 90

unten 16/1, 117

unter (1) (Kinder unter 14 Jahren arbeiten in Indien.) 6/8, 47

unter (2) (+ Dativ/Akkusativ) 10/1, 74

Unterhaltung, die, -en 14/3, 105

Unterschied, der, -e 11/7, 83

Unterschrift, die, -en 11/5, 82

untersuchen 13/7, 101

untersucht → untersuchen 13/7, 101

unterwegs 3/10, 24

untrennbar 3/6, 22

untypisch 15/10, 114

Uroma, die, -s 8/7, 58

verabreden (sich) 3/6, 22

verabredet → verabreden 3/6, 22

Veränderung, die, -en 13/3, 99

Verband, der, Verbände 13/7, 101

verbieten 4/4, 27

verboten → verbieten (1) (Die Eltern haben es verboten.) 4/4, 27

verboten (2) (Kinderarbeit ist verboten.) 6/8, 47

verdeckt 6/4, 45

verdienen 5/4, 39

verdient → verdienen 5/4, 39

Unregelmäßige Verben

abschreiben	er schreibt ab	er hat abgeschrieben	7/6, 52
anprobieren	er probiert an	er hat anprobiert	6/2, 45
ansprechen	er spricht an	er hat angesprochen	3/6, 22
aufbleiben	er bleibt auf	er ist aufgeblieben	10/6, 76
auffallen	er fällt auf	er ist aufgefallen	16/2, 118
aufschreiben	er schreibt auf	er hat aufgeschrieben	16/1, 116
ausdenken	er denkt aus	er hat ausgedacht	16/3, 120
ausgeben	er gibt aus	er hat ausgegeben	9/1, 68
ausgehen	er geht aus	er ist ausgegangen	9/1, 68
ausschlafen	er schläft aus	er hat ausgeschlafen	15/11, 114
aussehen	er sieht aus	er hat ausgesehen	9/5, 71
ausweisen	er weist aus	er hat ausgewiesen	11/5, 82
behalten	er behält	er hat behalten	6/4, 45
beschließen	er beschließt	er hat beschlossen	15/2, 111
betreten	er betritt	er hat betreten	11/6, 83
bieten	er bietet	er hat geboten	11/2, 81
dortbleiben	er bleibt dort	er ist dortgeblieben	1/4, 10
eingeben	er gibt ein	er hat eingegeben	4/8, 29
einschlafen	er schläft ein	er ist eingeschlafen	9/7, 72
fallen	er fällt	er ist gefallen	12/3, 87
fangen	er fängt	er hat gefangen	6/11, 48
finden	er findet	er hat gefunden	2/6, 16
hängen	er hängt	er hat gehangen	10/6, 76
herumlaufen	er läuft herum	er ist herumgelaufen	15/2, 111
leihen	er leiht	er hat geliehen	14/9, 108
liegen	er liegt	er hat gelegen	11/2, 81
loslassen	er lässt los	er hat losgelassen	4/5, 28
loslaufen	er läuft los	er ist losgelaufen	7/3, 51
mitfahren	er fährt mit	er ist mitgefahren	5/7, 41
mitgehen	er geht mit	er ist mitgegangen	15/2, 111
runterlaufen	er läuft runter	er ist runtergelaufen	13/5, 100
scheinen	er schien	er hat geschienen	12/8, 89
schießen	er schießt	er hat geschossen	5/3, 39
schneiden	er schneidet	er hat geschnitten	13/3, 99
schweigen	er schweigt	er hat geschwiegen	4/5, 28
spinnen	er spinnt	er hat gesponnen	13/11, 103
springen	er springt	er ist gesprungen	5/9, 42
stehenbleiben	er bleibt stehen	er ist stehengeblieben	13/5, 100
stehlen	er stiehlt	er hat gestohlen	14/5, 106
streiten	er streitet	er hat gestritten	3/2, 20
teilnehmen	er nimmt teil	er hat teilgenommen	2/6, 16
tragen	er trägt	er hat getragen	15/2, 111
treffen	er trifft	er hat getroffen	5/5, 40
tun	er tut	er hat getan	3/3, 21
verbieten	er verbietet	er hat verboten	4/4, 27
verlieren	er verliert	er hat verloren	2/11, 18
vermeiden	er vermeidet	er hat vermieden	7/10, 54
versprechen	er verspricht	er hat versprochen	3/5, 22
verzeihen	er verzeiht	er hat verziehen	7/11, 54
vorschlagen	er schlägt vor	er hat vorgeschlagen	3/7, 23
weglaufen	er läuft weg	er ist weggelaufen	3/5, 22
werfen	er wirft	er hat geworfen	2/8, 17
zurückgeben	er gibt zurück	er hat zurückgegeben	14/9, 108
zurückgehen	er geht zurück	er ist zurückgegangen	16/1, 116
zurückkommen	er kommt zurück	er ist zurückgekommen	15/2, 111

Thematische Wortgruppen

Lebensmittel

die Beere
der Braten
die Bratwurst
die Brezel
die Chips
der Christstollen
das Fast Food
die Grillwurst
das Gummibärchen
das Hähnchen
der Himbeersaft
der/das Joghurt

die Karotte
der Keks
der Lebkuchen
die Limonade
die Mandelfüllung
das Müsli
die Nachspeise
die Nudel
der Pfeffer
das Popcorn
der Quark
der Reis

das Roggenbrötchen
die Sahne
der Schokoriegel
das Schwarzbrot
der Snack
die Soße
die Süßigkeit
der Wein
das Weißbrot
das Wurstbrot
die Zwiebel

Berufe

der Architekt
der Astronaut
der Automechaniker
der Banker
der Beamte
der Busfahrer
der Chef
der Elektriker
der Friseur

der Handwerker
der Informatiker
der Ingenieur
der Journalist
der König
die Krankenschwester
der Mechaniker
der Moderator
der Pilot

der Psychologe
der Schauspieler
der Schriftsteller
der Sportlehrer
der Student
der Tänzer
der Tierarzt
der Trainer
der Verkäufer

Elektronik

der Akku
der Browser
der CD-Player
der Chatroom
die E-Mail-Adresse
der Fernseher
der FM-Tuner
das Gigabyte
das Guthaben
die Handykarte
die Kassette

der Link
die Mail
die Mailbox
das Mailprogramm
die Medien
die Message
das Mikrofon
die Nachricht
der Nintendo
das Passwort
die PIN

die Platte
der Plattenspieler
der Player
die Playstation
der Posteingang
skypen
die Videokassette
der Walkman
das Web
das Web-Spiel
die Webseite

Medizin

die Arztpraxis
die Bauchschmerzen
das Fieber
gebrochen
die Grippe
der Hausarzt
die Hausärztin
der Hustensaft
die Krankenschwester
der Krankenwagen

die Krankheit
das Medikament
die Medizin
der Muskelkater
der Notruf
die Notrufzentrale
die Operation
das Pflaster
die Praxis
röntgen

die Salbe
die Schmerztablette
die Sprechstunde
die Spritze
der Unfall
der Verband
die Verletzung
die Versichertenkarte
das Wartezimmer
die Zahnspange

Quellenverzeichnis